W0209825

Roswitha Bauer

Erlebnis-Wandern!

Thermenregionen in Österreich

Wellness, wandern und Natur erleben

Tyrolia-Verlag · Innsbruck-Wien

Die Größe der Natur bestaunen: Tausendjährige Eiche bei Bad Blumau

Vorwort

Wasser wirkt heilend und harmonisierend. Die ostösterreichische Thermenregion liegt (fast) auf einer Linie von Wien bis Bad Radkersburg an der slowenischen Grenze. In weit zurückliegender Vergangenheit formten und prägten enorme tektonische und vulkanische Kräfte die Landschaft und schufen dabei unterirdische Seen. Aus diesen tritt das von der Erdwärme erhitzte, mit wertvollen Mineralien und natürlicher Kohlensäure angereicherte Wasser durch artesischen Druck oder durch Tiefenbohrungen an die Oberfläche. Die dabei hervorsprudelnden Mineralwässer unterscheiden sich jedoch erheblich in ihrer chemischen Zusammensetzung. Somit ist nicht nur gegen jede Krankheit ein spezielles Kraut gewachsen, es sprudelt auch das jeweils heilende Wasser aus einer anderen Quelle.

Beim Wandern eröffnet sich uns eindrucksvoll die Vielfalt der Natur und Kultur dieses Gebietes. Die Alpen strecken ihre östlichsten Ausläufer in die pannonische Ebene hinein. Dazwischen liegen sanfte Hügel mit Wäldern, Obstbäumen, Weingärten, Weiden und Äckern. Die Thermenregion lädt aber auch zu einer kulinarischen Genussreise ein.

Die 30 Tourenvorschläge dieses Buches führen von Wien bis in das Südburgenland und in die Südoststeiermark. Ergänzend zu den jeweiligen Wanderrouten regen Wellness-Tipps zu einem achtsamen Umgang in und mit der Natur an: Leicht nachvollziehbare Übungen verstärken die Gefühls- und Sinneseindrücke. So können Ihre eigenen Erlebnisse und Wahrnehmungen in diesen schönen Landschaften die gedruckten Seiten dieses Wanderführers ergänzen und bereichern.

Bei folgenden Personen bedanke ich mich herzlich für ihren wesentlichen Beitrag zum Gelingen dieses Buches: Frau Mag. Anette Köhler (Tyrolia-Verlag) danke ich für die kreativen Anregungen. Herr Mag. Dieter Antensteiner brütete mit mir über Wanderkarten und begleitete mich auf der Suche nach den schönsten Zielen, die wir sorgsam für Sie auswählten. Dabei lernten wir vor Ort viele engagierte Menschen kennen, die uns bei Führungen und mit der Errichtung von Erlebnis- und Lehrpfaden Einblicke in die Geheimnisse der Natur gewähren.

Wien, im Jänner 2007
Roswitha Bauer

Inhaltsverzeichnis

REGION 3: GRENZREGIONEN IM THERMENLAND

REGION 4: VULKANLAND IM SÜDOSTEN ÖSTERREICHS

Wellness und Wandern – der Hektik des Alltags „entgehen“

„Wellness“ bezeichnet das von dem amerikanischen Arzt Halbert Dunn begründete ganzheitliche Konzept, nach dem Menschen aktiv die Verantwortung für ihre Gesundheit übernehmen sollen. Beim Wandern erleben wir die Natur sehr intensiv. Indem wir die Geschwindigkeit unseren Bedürfnissen anpassen, können wir dem Stress und der Hektik des Alltags „entgehen“. Vom gemächlichen Schlendern bis zum zügigen Dahinschreiten – Sie bestimmen den Rhythmus!

Die sanfte Bewegung in frischer Luft stärkt das Immunsystem, wirkt sich günstig auf den Stoffwechsel und die körperliche Kondition aus. Die dynamische, zyklische Sichtweise der Natur, wie sie die 5-Elemente-Lehre der Traditionellen Chinesischen Medizin verkörpert, ergänzt ebenso wie die Heilkraft des Wassers – als Trink- oder Badekur – die ganzheitliche Wirkung eines Erholungsurlaubes.

Qi Gong bedeutet „Arbeit mit Energie“, deren freier Fluss durch den Körper oft durch Blockaden behindert wird. Sanfte Übungen, verbunden mit Meditation und bewusster Atmung, wirken positiv auf Muskeln, Sehnen und Knochen, aber auch auf die Beweglichkeit der Gelenke, auf die inneren Organe wie auf die Konzentrationsfähigkeit und das seelische Gleichgewicht.

Die in diesem Buch angeführten Tipps sind Basis-Übungen und Qi-Gong-Grundhaltungen, deren Kenntnis für sich schon ausreichend ist, auf denen jedoch auch speziellere Formen des Qi Gong oder Taiji Quan aufgebaut werden können. Maßgebend sind die individuellen Bedürfnisse und die Freude an der Bewegung. Führen Sie die bei den einzelnen Touren angeführten Übungen langsam und konzentriert durch. Wählen Sie jene aus, die Ihnen am besten zusagen. Lassen Sie den Atem natürlich strömen und achten Sie auf Ihre Körperempfindungen. Es geht nicht darum, Dogmen zu befolgen, sondern ein gesundes Leben mit einem genussvollen zu verbinden. Die schrittweise Integration einer bewegten Lebensweise in den Alltag führt zu mehr Ausgeglichenheit von Körper, Geist und Seele – und zwar über die Dauer eines Kur- oder Wellnessaufenthaltes hinaus.

Die Natur ist der Spiegel, in dem wir uns mit anderen Augen sehen können.

Was Sie mitnehmen und worauf Sie achten sollten

Bei den vorgeschlagenen Routen handelt es sich meist um einfache Wanderungen, dennoch sollten Sie Folgendes beachten: Auf ebenen, härteren Böden ermüden die Beine schneller. Deshalb sind auch für kleine Wanderungen in hügeligen Regionen (Leicht-)Wanderschuhe mit gutem Profil und stoßdämpfender Sohle ratsam. Vor allem im Sommer empfehlen sich für kürzere Strecken Wandersandalen. Nahtlose Wandersocken und das Eincremen der Füße schützen vor Blasen. Wanderstöcke sind insbesondere bei vereisten und matschigen Wegen hilfreich. Mit einem guten Regenschutz trotzt man auch einem nicht vorhergesagten Adriatief. Ganz wichtig ist die Mitnahme eines Getränkes (Tee, Fruchtsaft oder Wasser) und einer kleinen Jause, denn viele Buschenschänken sperren erst am Nachmittag auf und manche Gasthäuser haben gerade Ruhetag oder Urlaub. Im Wanderführer sind die Öffnungszeiten angegeben, kurzfristige Änderungen sind jedoch immer möglich und nicht vorhersehbar. Auch ein Handy ist hilfreich, im Notfall kann man damit schnell Hilfe herbeiholen: Die Nummern 112 (Euro-Notruf), 144 (Rettung und Notarzthubschrauber) und 140 (Bergrettung) sind auch ohne Eingabe des PIN-Codes wählbar.

Birken säumen den Weg.

Bei Wanderungen durch ausgedehnte Wälder ist es oft schwierig, sich zu orientieren. Die Tourenskizzen in diesem Buch zeigen den Wegverlauf an. Manche Regionen haben spezielle Markierungssysteme und eigene Wanderkarten, die in den jeweiligen Tourismusbüros erhältlich sind. Im Allgemeinen sollten die hier abgedruckten Kartenausschnitte für die Orientierung jedoch ausreichend sein. Im Steirischen Vulkanland verbindet ein einheitlich markiertes Wegenetz „Auf den Spuren der Vulkane" die meisten der in Region 4 dargestellten Wandervorschläge fernab stark befahrener Straßen (Info: www.spuren.at).

Unannehmlichkeiten wie Hunde und Gelsenweibchen

Die markierten Wanderwege führen oft nah an Häusern und Bauernhöfen mit bellenden Vierbeinern vorbei. Auch wenn viele nur spielen wollen, die beste Methode, in Ruhe gelassen zu werden, ist „Wegschauen“. Ignorieren Sie den Hund und drehen Sie deutlich sichtbar den Kopf in eine andere Richtung. Sollte er jedoch knurren, die Zähne fletschen, die Rute aufstellen und die Ohren nach vorne klappen, laufen Sie nicht davon, sondern gehen Sie ruhig und langsam zurück! Gegen Mücken und Gelsen gibt es in Apotheken und Drogerien zahlreiche Mittel, sowohl zur Vorbeugung wie auch zur Linderung von Insektenstichen.

Die beste Jahreszeit

Die ostösterreichische Thermenregion bietet das ganze Jahr über schöne Wandermöglichkeiten. Im Spätwinter jedoch entwickeln sich ausgetretene Pfade durch abwechselnde Tau- und Frostphasen zu eisigen Rutschbahnen, diese Jahreszeit ist daher für Wanderungen am wenigsten geeignet. Es gilt auch zu beachten, dass nach längeren Regenperioden nasse Holzstege und Baumwurzeln eine schmierige Oberfläche bilden, die nur schwer zu begehen ist. Weniger gut geeignet sind auch heiße Sommertage, aber selbst an diesen ermöglicht das Gehen im kühlenden Schatten der Wälder eine genussreiche Wanderung. Bei manchen Touren kommen wir auch an Seen vorbei, die sich für ein erfrischendes Bad anbieten (siehe Tour 1, 8, 11, 19 und 23). Viele der vorgeschlagenen Wanderungen gehen ohnehin von Thermenzentren aus, hier ergänzen sich Wandern und Schwimmen zu allen Jahreszeiten.

Beim Barfußgehen den Boden hautnah spüren

Die Regionen

Das Buch gliedert sich von Nord nach Süd in vier Regionen: Schon die erste Tour der Region 1 weist auf die gestaltende Kraft des Wassers hin. Die Ur-Donau bahnte sich ihren Weg in Richtung Osten, nachdem das Meer des Wiener Beckens austrocknete. Die Thermenlinie erstreckt sich vom südlichen Wiener Raum bis in das Rax-Schneeberg-Gebiet entlang des Alpenostrandes zum Wiener Becken hin. An den Brandungszonen des einstigen Meeres befinden sich heute beliebte Kur- und Heurigenorte. Das Gebiet zählt zu den Nördlichen Kalkalpen, während das Rosaliengebirge den nordöstlichen Ausläufer der Zentralalpen darstellt. Das Gestein besteht aus Gneis und Glimmerschiefer. Nur die Burg Forchtenstein wurde auf einem steilen Kalkfelsen im Osten des Gebirgszuges errichtet. Eine leichte Bergtour bringt uns in der Region 2 in die Fischbacher Alpen. Die sanften Hügel des Joglandes und der Buckligen Welt sowie die langgestreckten Berge im Naturpark Pöllauer Tal laden zum Krafttanken ein und leiten in das pannonische Flachland über. Nahe an der ungarischen Grenze liegt die Sonnentherme Lutzmannsburg-Frankenau. Im Naturpark Landseer Berge befindet sich der Pauliberg, ein relativ junger Vulkan. Eine geologische Sonderstellung nimmt das Günser Bergland ein: Die metamorphen, kristallinen Schiefer sind je-

Kürbisblüte

Bezaubernde Frühlingslandschaft

nen der Hohen Tauern sehr ähnlich und bilden das „Rechnitz-Fenster“. In der Region 3 gibt es ebenfalls zahlreiche moderne Thermalbäder. Geschützte Lebensräume beherbergen seltene Blumen und Tiere. Alpine und pannonische Pflanzenarten gedeihen hier auf denselben Standorten. In den Strem-Auen und auf Wiesen bei Großsteinbach blühen um Ostern die seltenen Schachblumen. Entlang der Lafnitz verlief einst die Grenze zwischen Österreich und Ungarn, heute grenzt hier die Steiermark an das Burgenland. Die Region 4 umfasst hauptsächlich das Steirische Vulkanland, bringt uns aber auch ins Südburgenland und zur Grenze nach Slowenien. Während sich infolge von Deckenbewegungen die Alpen hoben – die letzte Phase war im Karpatien vor 16,5–17,5 Millionen Jahren –, schleuderten Vulkane Tiefengestein in die Luft und weit in die Umgebung hinein. Das Steirische Becken war mit Meerwasser gefüllt, aus dem nur die Vulkane, zum Beispiel die zwei Gleichenberger Kogel als Inseln herausragten. Vor zwei Millionen Jahren erreichte die eruptive Tätigkeit erneut einen Höhepunkt und dauerte etwa eine Million Jahre an. In dieser Zeit entstanden die Basalttuffkegel von Riegersburg, Straden und Kapfenstein. Die heutige Landschaft formte sich, Thermal- und Mineralwässer entstanden. Die letzte Tour führt uns in die Mur-Auen südlich von Bad Radkersburg. Die Mur fließt in die Drau, die Drau in die Donau – so schließt sich wieder der Kreis.

Tour 1

Im Nationalpark Donau-Auen

Naturparadies in der Großstadt

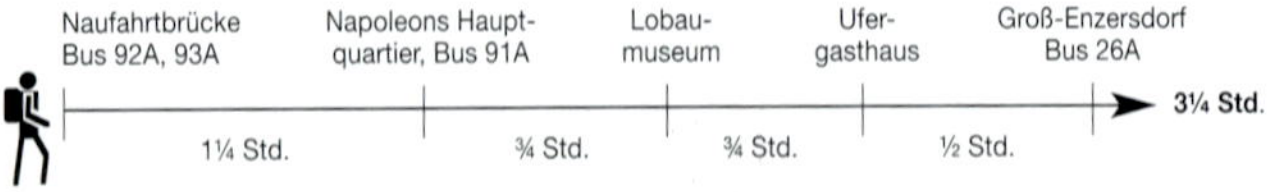

Charakter: Ebene, meist breite Wege.
Ausgangspunkt: Wien, Naufahrtbrücke.
Anfahrt: Bus 92A von Kaisermühlen (U1), ev. auch 93A, 91A, 98A bzw. 26A.
Einkehr: Imbiss „Knusperhaus“, Luitpold-Stern-Gasse; „Zum Knusperhäuschen“, Panozzalacke (nur im Sommer geöffnet); Ufergasthaus Staudigl, Groß-Enzersdorf (Mo/Di Ruhetag, zwischen Weihnachten und Mitte Februar geschlossen).
Info: Nationalpark-Forstverwaltung Lobau: Tel. 02249/2353, www.wien.gv.at/wald/natpark; Nationalpark Donau-Auen: Tel. 02212/3450, www.donauauen.at.
Kultur unterwegs: *Lobaumuseum*, außer bei Schlechtwetter an Sonn- und Feiertagen von 14.00 bis 16.00 Uhr geöffnet, bei Voranmeldung (Tel. 02214/3571) jederzeit. Freier Eintritt. In der Nähe: Wurzelstation und Bibergehege.

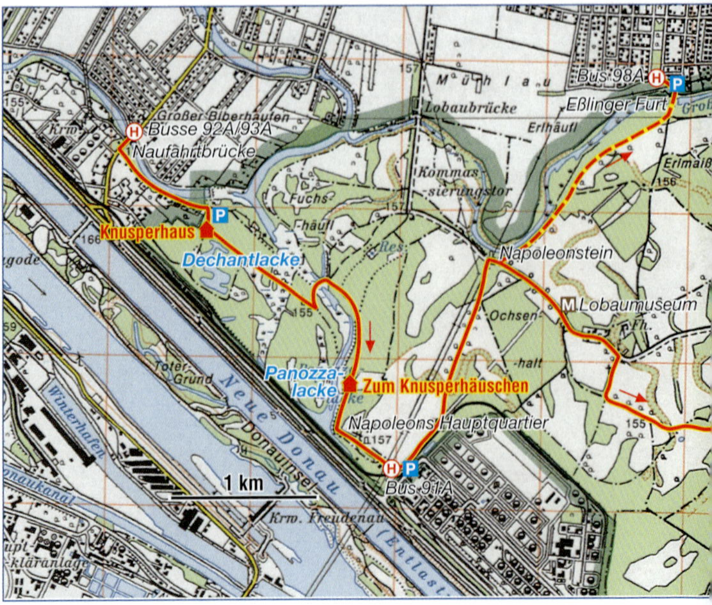

Lobau bedeutet „Wasserwald“ und umfasst den im Wiener Stadtgebiet liegenden Teil des Nationalparks Donau-Auen. Vor der Regulierung im 19. Jahrhundert überschwemmte der Strom regelmäßig das Gebiet und lagerte Schotter und Sand ab. Die Dynamik des Wassers gestaltete ein vielfältiges Ökosystem, durch das ein gut beschildertes Wegenetz führt.

Themenwege im Nationalpark

1. Wiener Wasser-Weg: 17 km. Von der Unteren Alten Donau bis zum Nationalpark. Poller und Wimpel markieren die Stationen. Informationen über Ökologie, Geschichte und Sport.
Naturlehrpfad Obere Lobau: 3–5 km. Beginn beim Nationalpark-Eingang Dechantlacke oder Saltenstraße, wo Folder aufliegen. Weitere Informationen im Buch zum „Naturlehrpfad Obere Lobau“.
Napoleon-Rundwanderweg: 11 km. Erinnert an die Schlacht bei Aspern und Eßling im Mai 1809, die Napoleons Ruf der Unbesiegbarkeit erstmals erschütterte. Die obeliskförmigen Gedenksteine wurden bereits 1859 errichtet.

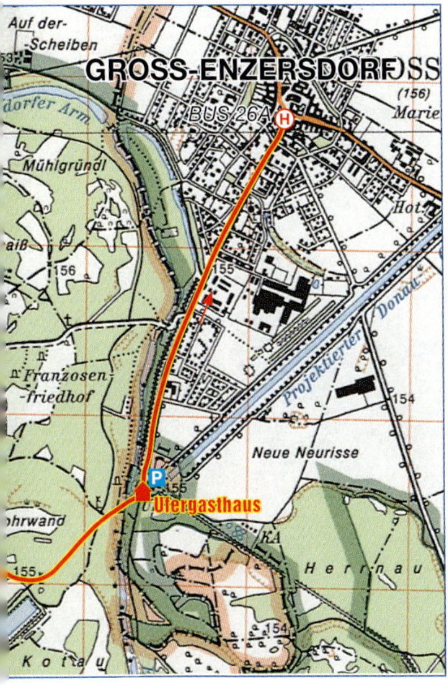

Wegverlauf

Vom Biberhaufenweg gehen wir durch die Luitpold-Stern-Gasse zum Nationalparkeingang. Wir folgen der grünen Markierung und gelangen nördlich der Dechantlacke zum *Naturlehrpfad Obere Lobau*. Am Josefsteg überqueren wir trockenen Fußes eine Schilfzone. Zweimal biegen wir rechts ab und kommen zu dem pink markierten Stadtwanderweg 11, dem wir bis **„Napoleons Hauptquartier“** (Obelisk) folgen.

In nördlicher Richtung bringt uns der *Napoleon-Rundwanderweg* zu einem weiteren Napoleonstein. Wegteilung: Der grün markierte Weg führt zur Eßlinger Furt, wo man die Tour vorzeitig beenden kann (Bushaltestelle). Wir gehen nach rechts weiter auf dem Fahrweg, der zum Zentrum der Oberen Lobau führt, wo sich auch das **Museum** befindet. Wir folgen der gelben Markierung bis zum Donau-Oder-Kanal. Von hier wenden wir uns nordostwärts nach Groß-Enzersdorf und können unterwegs noch im **Ufergasthaus** einkehren.

Wellness-Tipp: Wasser – ein Symbol für Lebenskraft

Gelbe Wasserschwertlilie (Iris pseudacoris) am Ufer der Dechantlacke

Das Leben erscheint manchmal starr und festgefahren. Nichts geht weiter, wir treten auf der Stelle. Bevor wir Neues beginnen, müssen wir uns von Altem trennen. Das Wasser ist ein Symbol für Dynamik, ein Symbol für Wandel und Neubeginn. Sicher sind Ihnen auch schon Wanderer aufgefallen, die für die Umgebung keinen Blick übrig haben. Lassen Sie für die Zeit dieses Ausflugs Ihren Alltag hinter sich! Widmen Sie Ihre Aufmerksamkeit ganz dem Augenblick. Beachten Sie das Besondere am Wegesrand. Das Landen einer Ente unterbricht zum Beispiel die Stille eines Tümpels. Das Vibrieren der warmen Luft erinnert an die Savannen Afrikas. Oder Sie sehen einen großen Vogel am Himmel. Ist es ein Reiher, ein Kormoran, ein Storch? Finden Sie beim Gehen Ihren Rhythmus! Durch Bewegung in frischer Luft stärken Sie Ihr Immunsystem. Darüber hinaus bringen neue Einsichten Schwung in den Alltag und die Kraft, falls es notwendig ist, neue Wege zu gehen.

Kurpark Oberlaa und Laaer Wald

Von Menschen gestaltete Natur

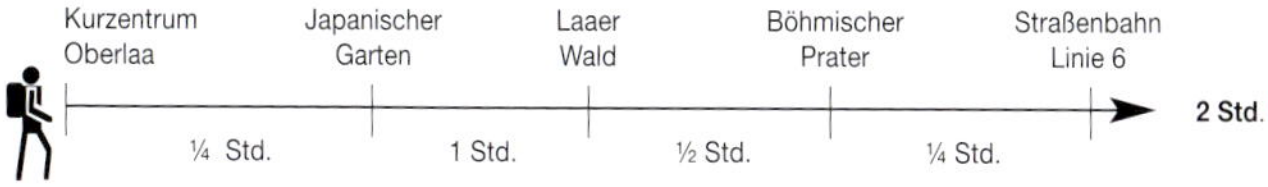

Charakter: Einfacher Spaziergang.
Ausgangspunkt: Kurzentrum Oberlaa.
Anfahrt: Straßenbahn 67 vom Reumannplatz (U1) bzw. Straßenbahn 6.
Einkehr: Kurkonditorei, Thermenrestaurant, Gasthäuser und Heurigen.
Info: Therme Oberlaa-Wien und Wellness-Park Oberlaa, Tel. 01/680 09-9700; www.oberlaa.at; Stadtwanderweg 7, www.wien.gv.at/wald/wandern.

Die Thermenlinie verläuft von Wien über Mödling, Baden, Bad Vöslau bis Bad Fischau. Das Thermalbad Oberlaa entstand 1974 ebenso wie der anlässlich der Wiener Internationalen Gartenschau errichtete Kurpark. Das Heilwasser ist schwefelhaltig.

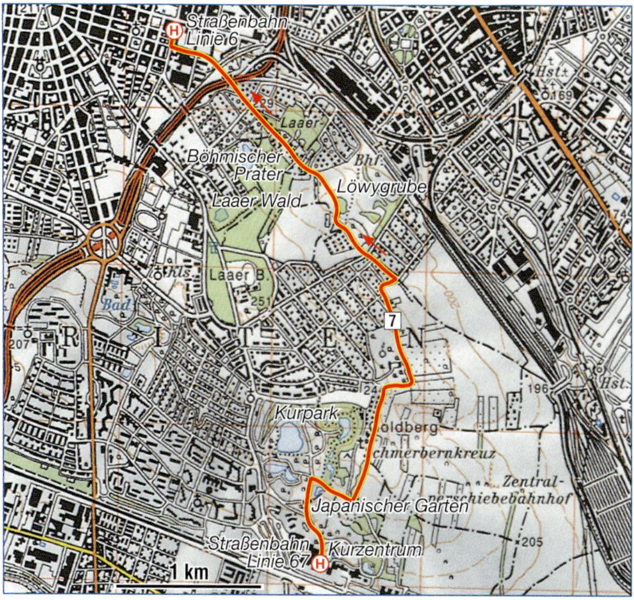

Wegverlauf

Bei der Therme **Oberlaa** betreten wir den gärtnerisch kunstvoll gestalteten Kurpark. Hinweisschilder zeigen die verschiedenen Themengärten an. Wir besuchen den **Japanischen Garten,** der nach Anregung von Vertretern der Stadt Takasaki in den 90er Jahren wieder rekonstruiert wurde, ein Sinnbild für Ruhe und Meditation. Danach verlassen wir den Kurpark durch den östlichen Ausgang und treffen auf den Stadtwanderweg 7, dem wir in nördlicher Richtung folgen. Kulturlandschaft – Äcker und Weingärten – löst nun die Gartenlandschaft ab. Der Weg wird von Hecken gesäumt. Frühere Ackerbrachen entwickeln sich durch regelmäßige Mahd zu blumenreichen Wiesen. Nach Überquerung der Bitterlichstraße betreten wir das Erholungsgebiet **Laaer Wald.** Die Wiener besuchen seit dem 19. Jahrhundert den Laaer Wald, in dem sich heute ein Vogelschutzgebiet befindet.

Rechts befindet sich die Löwygrube, eine Lehmwand, die auf den einstigen Ziegelabbau hinweist. Unsere Route führt durch den **Böhmischen Prater.** Er entstand nach dem Vorbild des „Wurstelpraters" aus einer Kantine der Wienerberger Ziegelwerke, deren Arbeiter aus Böhmen und Mähren „Ziegelböhm" genannt wurden. Der 15 Kilometer lange Stadtwanderweg 7 zweigt nach links ab. Auf ihm gelangt man, meist durch bebautes Gebiet, zurück nach Oberlaa. Wir gehen aber geradeaus durch eine Unterführung zur Puchsbaumgasse und biegen nach rechts in die Absberggasse ein, wo sich nach einigen Metern die Haltestelle der **Straßenbahnlinie 6** befindet.

Wellness-Tipp: Meditation der „Achtsamkeit"

Setzen Sie sich mit geradem Rücken auf eine Bank. Stellen Sie die Oberschenkel parallel und waagrecht, die Unterschenkel senkrecht. Die Füße haben Kontakt mit dem Boden. Der Kopf ist aufrecht, die Schultern sind locker. Die Hände liegen auf den Oberschenkeln mit den Handflächen nach oben, dem Gesicht zugewandt. Jetzt richten Sie Ihre Aufmerksamkeit auf die Atmung! Spüren Sie, wie sich die Bauchdecke beim Einatmen hebt und beim Ausatmen senkt. Ihre Gedanken nehmen jeden Atemzug wahr. Falls die Gedanken abschweifen, stellen Sie fest, wovon Sie abgelenkt werden, und kehren Sie dann wieder zur Atmung zurück. Üben Sie ungefähr eine Viertelstunde. Beobachten Sie, wie es sich anfühlt, nur zu sein, ohne etwas tun zu müssen.

Springbrunnen im Kurpark Oberlaa

Der Japanische Garten

geöffnet vom 1. April bis 26. Oktober, jedoch nur mittwochs und samstags von 7.00 Uhr bis zum Einbruch der Dunkelheit. Steine, Pflanzen, Tiere und Menschen bilden hier eine Einheit. Die japanische Gartenkunst ist verknüpft mit dem Streben nach dem richtigen Leben in und mit der Natur und mit der Suche nach dem Lotos-Paradies, jenem Garten des Universums und Ort der Erleuchtung, der nur von Buddha erreicht wird. Die japanischen Gärten sollen uns „Normalsterblichen“ eine Ahnung davon vermitteln, indem sie Ruhe und Harmonie ausstrahlen. In der japanischen Kunst verstärkt die vom Menschen gestaltete perfekte Form die Schönheit des natürlichen Zufalls. Die „unnatürliche“ Mauer verändert die Wahrnehmung der „natürlichen“ Form. Durch das Shinto-Tor betreten wir den abgegrenzten Japanischen Garten, der in einer Parkanlage liegt, die wiederum selbst von der umgebenden Landschaft abgezäunt ist. So durchschreiten wir zweimal ein Tor unserer Wahrnehmung.

Kirschblüten im japanischen Takasaki-Garten

Über die Perchtoldsdorfer Heide

Ziesel, Schirmföhren und seltene Blumen

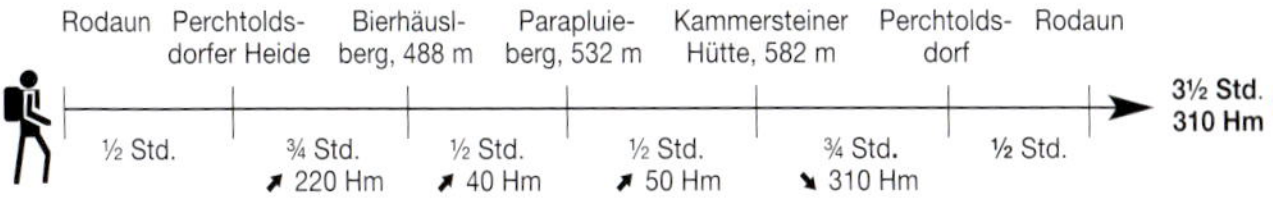

Charakter: Abwechslungsreich, gut markierte Wanderwege.
Ausgangspunkt: Rodaun oder Parkplatz Perchtoldsdorfer Heide/Lohnsteinstraße.
Anfahrt: Straßenbahn 60 von Hietzing (U4); mit dem Auto von Rodaun oder über die Ketzergasse zur Hochstraße und Lohnsteinstraße.
Einkehr: Franz-Ferdinand-Schutzhaus (Do/Fr Ruhetag, ganzjährig geöffnet, außer im Juli und zwischen Weihnachten und Mitte Jänner); Kammersteiner Hütte (Mo/Di Ruhetag, im August geschlossen); Heurigenbetriebe und Gaststätten in Perchtoldsdorf.
Info: Verein Naturpark Föhrenberge, Tel. 02236/28796, www.naturparke.at, www.perchtoldsdorfer-heide.at.

Der Naturpark Föhrenberge erstreckt sich von Perchtoldsdorf bis Gumpoldskirchen und ist Teil des Biosphärenparks Wienerwald. Die Schwarzföhre prägt das Bild der „Thermenalpen“ vom Rax-Schneeberg-Gebiet bis nach Wien. Auf dem Trockenrasen der Perchtoldsdorfer Heide wachsen wärmeliebende Pflanzen. Die Große Kuhschelle (*Pulsatilla grandis*) schützt sich mit dichter Behaarung vor hoher Verdunstung und Sonneneinstrahlung. Ihre Blüten öffnen sich nur an sonnigen Tagen. Kuhschellen und Frühlings-Adonisröschen (*Adonis vernalis*) setzen Ende März bis April violette und gelbe Farbtupfer in die Landschaft.

Wegverlauf

Von **Rodaun** folgen wir der grünen Markierung oder wir gehen vom Parkplatz die Lohnsteinstraße nach Norden bis zu dem Weg, der uns steil bergauf zur **Heide** führt. Oberhalb des *Zieselgeländes* wandern wir durch Föhrenwald auf den **Bierhäuslberg** und auf den **Parapluieberg** mit dem Franz-Ferdinand-Schutzhaus, von dessen Terrasse sich der Ausblick auf Wien und in das Weinviertel öffnet. Der gelb, dann rot markier-

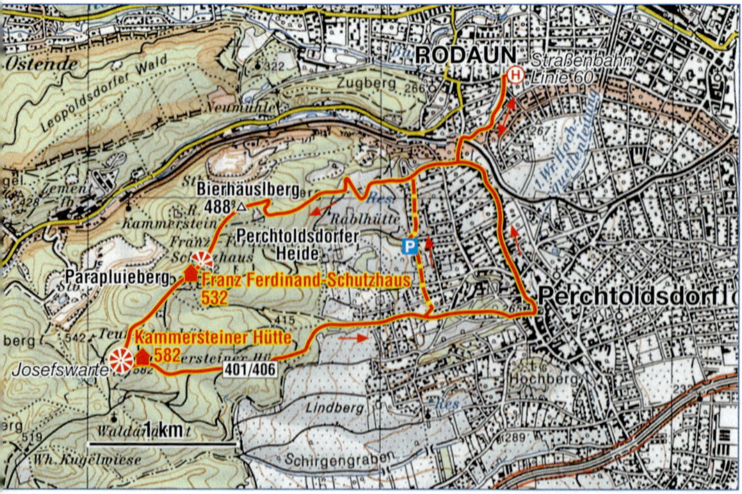

te Weg führt weiter zur **Kammersteiner Hütte** und zur Josefswarte. Von dort gehen wir ein Stück im Wald (rot markiert) zurück und biegen dann rechts ab (Weg 401 bzw. 406). Schließlich kommen wir zum Marktplatz von **Perchtoldsdorf.** Von dort gelangen wir über die Hochstraße zurück nach **Rodaun.**

Wellness-Tipp: Stehen wie eine Kiefer

Qi-Gong-Grundhaltung Stehen wie eine Kiefer: Aus der Standhaltung mit geschlossenen Fersen, die Zehenspitzen zeigen auseinander (im Winkel von etwa 45°), drehen Sie auf der Ferse den rechten Fuß gerade, die Zehen zeigen nun parallel nach vorne. Verlagern Sie das Gewicht auf das rechte Bein. Den linken Fuß leicht anheben und in schulterbreitem Abstand parallel zum rechten stellen. Das Gewicht ist gleichmäßig auf beide Beine verteilt. Der Rücken ist gerade. Die Knie sind leicht gebeugt. Vom Nabel abwärts ist der Körper fest mit dem Boden „verwurzelt". Die Schultern sind entspannt. Die Arme hängen locker. Die Handflächen zeigen zum Körper. Blicken Sie geradeaus. Stellen Sie sich vor, wie eine Kiefer zu stehen, und atmen Sie gleichmäßig. Nach einigen Minuten beenden Sie die Übung, indem Sie die Hände übereinander auf das Untere Dantian legen. Dieses gilt als Energiereservoir und befindet sich etwa drei Zentimeter unterhalb des Nabels (siehe Tour 12).

Große Kuhschelle (Pulsatilla grandis)

Flora und Fauna am Weg

Parapluie bedeutet Schirmföhre und ist eine Wuchsform der Schwarzföhre (*Pinus nigra*) als Anpassung an den flachen Wurzelraum auf felsigem Untergrund. In tiefgründigeren Böden dringen Pfahlwurzeln bis in eine Tiefe von fünf bis sechs Metern. Schwarzföhren überdauerten die Eiszeit auf den nicht vergletscherten Kalkfelsen des Alpenostrandes als eigene Klimarasse (Österreichische Schwarzföhre).

Das Europäische Ziesel (*Spermophilus citellus*) kommt bis in die Ukraine und in die Türkei vor. In Perchtoldsdorf befindet sich die westliche Verbreitungsgrenze! Das mit dem Murmeltier verwandte Hörnchen hält in Erdbauten ein halbes Jahr lang Winterschlaf. Der Name „Samenfreund" bezieht sich auf seine Ernährung. Zusätzlich stehen Wurzeln, Knollen und Insekten auf dem Speiseplan.

Auf den Pfaffstättner Kogel

Kurpark auf einer Karstheide

Baden, Andreas-Hofer-Zeile – ¾ Std. ↗ 180 Hm – Richtberg, Theresienwarte, 416 m – 1 Std. ↗ 130 Hm – Pfaffstättner Kogel, 541 m – ½ Std. ↘ 160 Hm – Einödhöhle – ¾ Std. ↘ 150 Hm – Baden Kurpark

3 Std.
310 Hm

Charakter: Einfach, gut markiert und beschildert; für die Höhle empfiehlt sich die Mitnahme einer Taschenlampe.
Ausgangspunkt: Baden bei Wien, Kurpark bzw. Andreas-Hofer-Zeile.
Anfahrt: ÖBB oder Badner Bahn; mit dem Auto: Umfahrungsstraße B210, Marchetstraße, Parkmöglichkeit in der Andreas-Hofer-Zeile.
Einkehr: Rudolf-Proksch-Hütte (Mi Ruhetag); Café Restaurant Rudolfshof (Mai–September: Di Ruhetag; Oktober–April: Di, Mi Ruhetag).
Info: Tourist Information, Tel. 02252/22600-600, info@baden.at, www.baden.at.
Kultur unterwegs: *Kaiser-Franz-Josef-Museum* für Handwerk und Volkskunst, Hochstraße 51 (von 1. April bis 31. Oktober Di–So sowie feiertags geöffnet von 14.00 bis 18.00 Uhr), Tel. 02252/41100.

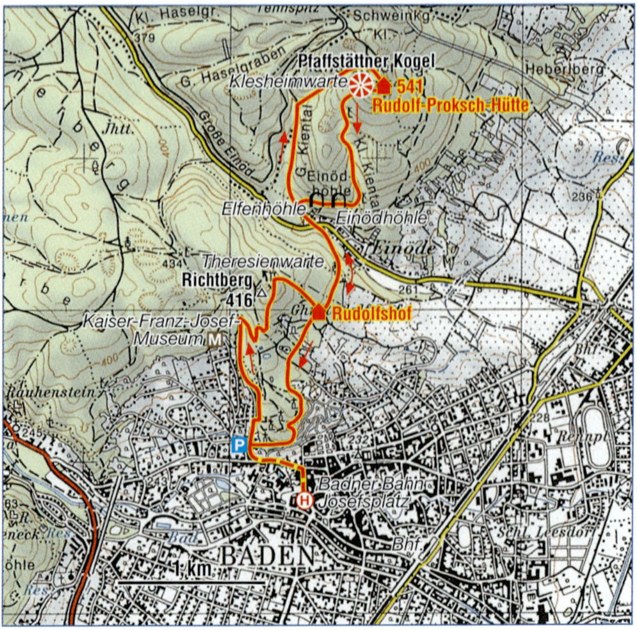

Hinter dem Casino Baden erstreckt sich der Kurpark.

Die Heilquellen von Baden (Aquae) wurden schon von den Römern genutzt. Sie nannten die in den Schwefelquellen lebenden Feen Nymphen. Der Kurpark liegt in einer wildromantischen Karstheiden-Landschaft mit kleinen Höhlen. Auf dem Richtberg steht heute die Theresienwarte. Einst lebte hier der Riese Hun, der sagenumwobene Gründer Badens. Vom 15. bis zum 18. Jahrhundert befand sich auf dem Richtberg der höchstgelegene Galgen des Landes. Da er schwer erreichbar war, wurde er nur selten verwendet. Dass diese Gegend am ehemaligen Rande des Badener Burgfriedes von den Menschen als bedrohlich empfunden wurde, zeigt sich in Flurnamen wie „Bettlergraben“ oder „Einöde“.

Wegverlauf

Nach dem Aquädukt der Wiener Wasserleitung zweigt von der **Andreas-Hofer-Zeile** der Ziehrerweg nach rechts ab. Wir gehen am Felsenweg bergauf und weiter durch den Kurpark auf den **Richtberg** (auf die Hinweisschilder achten!), den wir überschreiten. Nun folgen wir dem rot markierten Weg 42 nach rechts, dann links und überqueren die Straße bei der Einöde. Durch das Große Kiental gelangen wir zur Rudolf-Proksch-

Hütte am **Pfaffstättner Kogel** (Warte). Bergab wandern wir durch das Kleine Kiental bis zur Abzweigung **Einöd-** und **Elfenhöhle.** Wieder überqueren wir die Straße und gehen auf dem Weg zurück zum Gasthaus Rudolfshof, auf dem wir schon gekommen sind. Von dort führen zahlreiche gut beschilderte Wege durch den **Kurpark** zurück zum Ausgangspunkt.

Von den Pechern

Kaiserin Maria Theresia ließ Schwarzföhren (*Pinus nigra*) im Steinfeld und auf den damals kahlen Bergen entlang der Thermenlinie anpflanzen, da die Bäume unempfindlich gegen Trockenheit und Wind sind. Bevor in der chemischen Industrie künstliche Lösungsmittel Verwendung fanden, gewannen die Pecher in mühevoller Handarbeit das Harz der Föhren zur Herstellung von Kolophonium und Terpentin. Sie entfernten auf einer Seite des Baumes die Rinde und fingen das Harz in Töpfen auf. Eine Föhre lieferte ca. 15 Jahre lang jährlich 1–2 kg Harz. Noch heute können die Wanderer in dieser Region viele verwundete Bäume entdecken!

Die Badener Kultur

Das *Badenien* bezeichnet eine geologische Zeitspanne im Miozän vor etwa 16,5 bis 13,5 Millionen Jahren. Das Wiener Becken senkte sich und füllte sich mit Meerwasser. Die Badener Kultur bezeichnet die Zeit zwischen 3300 und 2800 v. Chr. aufgrund der großen Bedeutung jungsteinzeitlicher Funde von Keramik, Stein- und Knochengeräten sowie eines Halsreifs aus Kupfer in der Königshöhle bei Baden.

Wellness-Tipp: Meditation in einer Höhle

Die Luft in Höhlen ist frei von Staub und schädlichen Strahlen. Deshalb werden Atemwegserkrankungen oft in Stollen behandelt. Die großräumige Einödhöhle kann ohne spezielle Ausrüstung „befahren" werden. Will man auch den hintersten Winkel erkunden, ist eine Taschenlampe notwendig. Bleiben Sie dort, wo kein Tageslicht hinkommt, und drehen Sie das Licht ab. Achten Sie nun auf die Geräusche, Gerüche und fühlen Sie den kühlen Stein. Bleiben Sie so lange, wie es für Sie behaglich ist. Sie werden über die Sinnesfülle überrascht sein, die beim Verlassen der Höhle auf Sie einströmt.

Von Bad Vöslau auf den Harzberg

Urzeit-Schnecken und andere Besonderheiten

Thermalbad — ½ Std. — Helenenhöhe — 1¼ Std. ↗ 200 Hm — Harzberg, 466 m — ½ Std. ↘ 200 Hm — Fitness-Parcours — ¼ Std. — Thermalbad

2½ Std.
200 Hm

Charakter: Karte und Orientierungssinn sind notwendig.
Ausgangspunkt: Bad Vöslau, Thermalbad oder Parkplatz am Ende der Langen Gasse.
Anfahrt: mit ÖBB oder Bus; A2, Abfahrt Baden.
Einkehr: Restaurant am Harzberg (Mo ab 15.00 Uhr, Di ganztägig Ruhetag); Waldcafé beim Tennisplatz (täglich ab 8.00 Uhr geöffnet, Duschmöglichkeit); Heurigen und Gaststätten in Bad Vöslau.
Info: Stadtgemeinde Bad Vöslau, Tel. 02252/76161, stadtgemeinde@badvoeslau.at, www.badvoeslau.at, Gäste-Info-Kurverwaltung, Schlossplatz 1, Tel. 02252/70743.
Tipp: Das *Schneckenreservat* beim Naturdenkmal Hansybach in der Nähe des Thermalbades (Ecke Bahngasse/Badner Straße) stellt drei Wasserschneckenarten unter Schutz, die in dem ganzjährig gleich warmen Thermalwasser von Bad Vöslau und Bad Fischau seit dem Tertiär (vor 70 bis 1,8 Millionen Jahren) überlebten. Schneckenforscher aus der ganzen Welt suchen diese nur wenige Millimeter „großen" Raritäten auf.

Blumen-„Schmetterling"

Bad Vöslau bietet Außergewöhnliches: Im Thermalbecken können Sie nicht nur schwimmen, sondern auch das aus der Quelle sprudelnde Mineralwasser trinken. Der Badebereich ist von mehrstöckigen Holzgebäuden mit „Kabanen" umgeben. Das ist ein ostösterreichischer Ausdruck für größere Kabinen, die sogar einen eigenen Balkon aufweisen (nicht zu verwechseln mit „Kabäuschen"). Von der Kaiser-Franz-Josef-Jubiläumswarte auf dem Harzberg genießen wir den Ausblick auf das Wiener Becken und auf die Weingärten von Sooß. Auf den Rieden gedeiht ein ganz besonders köstlicher Wein.

Wellness-Tipp: Sich hängen lassen

„Stretching" ist eine langsame und entspannte Form des Dehnens. Behutsam ausgeführt, eignet es sich gut zum Aufwärmen vor dem Gehen oder Laufen bzw. als dessen Abschluss. Im Bereich des Fitness-Parcours sind Reckstangen und Ringe angebracht. Auch ein Baumast eignet sich für diese Übungen, die sich wohltuend auf Wirbelsäule und Bandscheiben auswirken. Fassen Sie mit beiden Händen eine Stange, die Sie mit nach oben gestreckten Armen leicht erreichen. Nun beugen Sie die Knie und lassen Sie sich entspannt hängen. Bleiben Sie in dieser Haltung, solange Sie eine leichte Spannung fühlen, die nicht unangenehm oder schmerzhaft ist. Spüren Sie Ihrem individuellen Dehnungsgefühl nach. Bei einer weiteren Übung umfassen Sie ebenfalls die Reckstange: Strecken Sie den Körper und kreisen Sie langsam mit dem Becken. Fühlen Sie, wie die Dehnung von den vorderen und seitlichen zu den hinteren Muskelpartien wandert.

Wegverlauf

Vom **Thermalbad** oder vom Schneckenreservat gehen wir zur katholischen Kirche. Weiter am Ferdinand-Kienzl-Weg, dann in die Johann-Strauß-Straße. Beim Josefsplatz links gelangen wir am Ende der Oberkirchengasse zum Sonnenweg. Diesem folgen wir bis zur Aussichtsterrasse **Helenenhöhe** und wandern weiter am mit E2 bezeichneten Esoterikweg. Wir machen einen Abstecher zum Steinernen Kreuz, bevor wir in die Schotterstraße zur Vöslauer Hütte einmünden. Nach einer Viertelstunde zweigt rechts der blau markierte Weg auf den **Harzberg** ab, wo die Jubiläumswarte und ein Restaurant zu einem

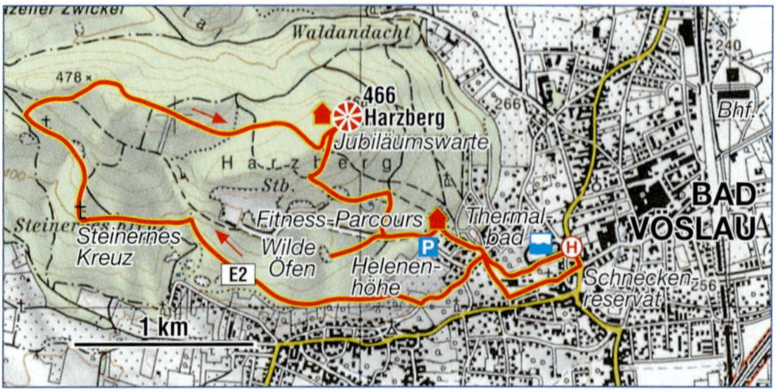

Jubiläumswarte auf dem Harzberg

Besuch einladen. Für den Abstieg wählen wir den südlich gelegenen, gelb markierten Weg, halten uns bei dessen Aufspaltung rechts und kommen in den Bereich des **Schlumberger-Fitness-Parcours.** Etwas abseits befinden sich die Reibsandlöcher, die auch Wilde Öfen genannt werden. Der feine Dolomitsand wurde einst für industrielle Zwecke und zum Reinigen von Töpfen verwendet. Vorbei an Kursalon und Josefsplatz gelangen wir durch das Maital zurück zum **Thermalbad.**

Naturdenkmäler in den Fischauer Bergen

Steinerner Stadl und Teufelsmühlstein

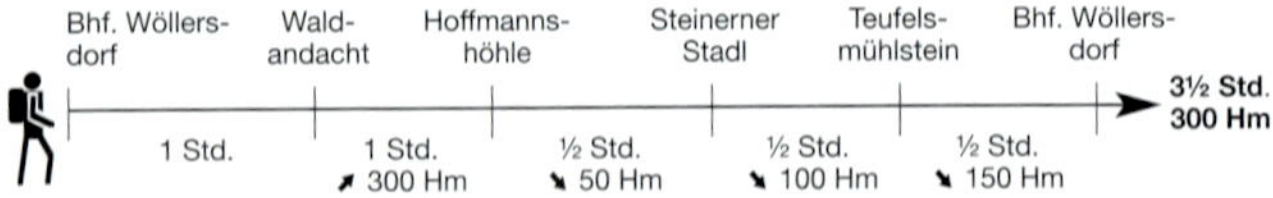

Charakter: Meist markierte Waldwege, für die Hoffmannshöhle und den Steinernen Stadl ist Orientierungssinn nötig.
Ausgangspunkt: Bahnhof Wöllersdorf.
Anfahrt: per Bahn aus Wiener Neustadt bzw. A2, Abfahrt Wöllersdorf, B21 Richtung Pernitz, nach einem Kilometer Abzweigung nach rechts zum Parkplatz beim Bahnhof.
Einkehr: keine (das Finkenhaus ist geschlossen).
Info: Marktgemeinde Wöllersdorf-Steinabrückl, Tel. 02633/42320; www.woellersdorf-steinabrueckl.at. Kristalltherme Bad Fischau-Brunn, Tel. 02639/2222, www.kristalltherme.at.
Tipps: Empfehlenswert ist der Besuch der *Eisensteinhöhle* bei Bad Fischau. Die Höhle liegt am geologischen Bruchsystem der Kalkalpen zum Wiener Becken. Führungen mit Karbidlampe und Helm dauern eine Stunde und finden an jedem ersten und dritten Wochenende im Monat (Sa 13.00–17.00, So 10.00–17.00 Uhr) von 1. Mai bis Ende Oktober statt. Leitern führen zur Thermalquelle in 73 m Tiefe. Die Höhle ist von Bad Fischau auf einem Rundwanderweg in einer 3/4 Stunde erreichbar.
Kultur unterwegs: In Muthmannsdorf befindet sich eine romanische Kirche mit bedeutenden Fresken. Im Ortszentrum findet sich in einer Vitrine die Rekonstruktion des stacheligen, gepanzerten Dinosauriers *Struthiosaurus austriacus,* der vor 70 Millionen Jahren hier lebte.

Der aus Triaskalk und Dolomit bestehende Gebirgszug der Fischauer Berge trennt das Steinfeld im Süden von der Neuen Welt im Norden. Die höchste Erhebung ist der Größenberg (605 m). Kleine Höhlen waren bereits in der Steinzeit bewohnt, wie das in der Hoffmannshöhle gefundene Menschenskelett beweist. Die Malleitenwiese beherbergt antike Tonscherben. Dem Konglomeratgebilde Teufelsmühlstein wird Heilkraft nachgesagt.

Wegverlauf

Vom **Bahnhof** durchqueren wir den Ort und gehen im *Marchgraben* bis zum Kinderspielplatz. Wir folgen der blauen Mar-

Kristalltherme Bad Fischau-Brunn

kierung zur **Waldandacht** und zum schräg gegenüberliegenden *Zigeunerloch*. Weiter aufwärts kommen wir zur Straße. Nach einigen Metern zweigt links der Fahrweg zum Finkenhaus (geschlossen) ab. Eine Brandungshöhle links oberhalb des Weges weist darauf hin, dass wir uns an einem ehemali-

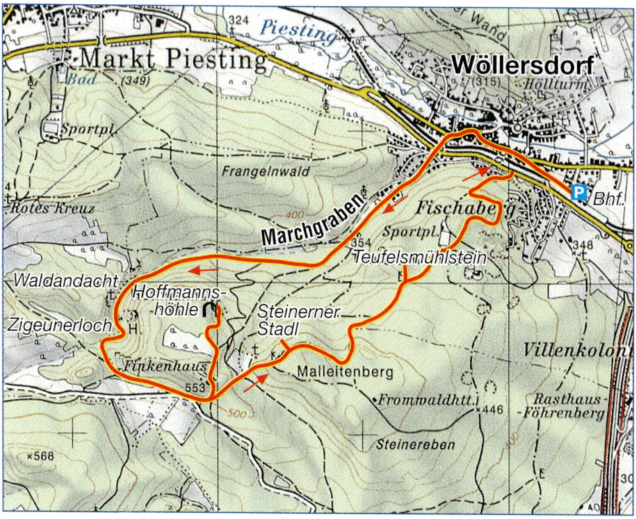

gen Meeresstrand befinden. Beim Finkenhaus führt eine Asphaltstraße links bergauf. Wir folgen ihr bis zur Hinweistafel ***„Hoffmannshöhle“*** und gehen am rot markierten Steig zuerst eben, dann leicht bergab. Denselben Weg zurück kommen wir wieder am Finkenhaus vorbei auf den *Malleitenberg*. Steigspuren führen links des rot markierten Weges zum ***Steinernen Stadl.*** Entlang des Wildzaunes erreichen wir die imposante Naturbrücke. Nun gehen wir zurück bis zum rot markierten Weg. Der Pfad zum ***Teufelsmühlstein*** zweigt ebenfalls nach links ab (Hinweisschild). Vorbei am Sportplatz und unter der Bundesstraße hindurch, erreichen wir schließlich unseren Ausgangspunkt.

Die Kristalltherme Bad Fischau-Brunn

Der „Jungbrunnen im Grünen“ liegt in einer Parklandschaft. Die Quelle speist zwei in Stein gefasste Naturbecken. Bei der Sanierung blieb das kaiserliche Ambiente erhalten. Holzliegen und Kabinen verströmen das Flair des 19. Jahrhunderts, während Solarium, Sauna und Massage dem Bedürfnis der modernen Menschen nach Erholung Rechnung tragen. Ein Badeaufenthalt mildert u. a. Stress, allergische Hautreizungen und Venenbeschwerden.

Wellness-Tipp: „Ich bin ein Baum!“

Durch das Nachahmen der Körperhaltung anderer Lebewesen und Lebensformen versetzen wir uns in deren Erlebniswelt. Die Übung ist als Spiel für Kinder und Erwachsene gut geeignet. Stehen Sie „wie eine Kiefer“ (Tour 3) und achten Sie auf einen festen Bodenkontakt. Der Körper ist unterhalb der Taille fest, oberhalb locker. In Ihrer Vorstellung wachsen an Ihren Füßen starke Pfahlwurzeln, die tief in die Erde eindringen. Sie saugen das Grundwasser durch den Stamm an bis weit in die Äste hinauf. Die Arme sind Zweige und bewegen sich im Wind. Bei Sturm schwankt der ganze Körper. Auf felsigem und flachem Untergrund wachsen die Wurzeln in die Breite. Strecken Sie die Arme in den Himmel, dem Sonnenlicht entgegen und bilden Sie einen weit ausladenden Schirm. Sie sind in Ihrer Mitte verankert und nichts wirft Sie um. Zum Schluss legen Sie ein paar Atemzüge lang beide Hände übereinander locker auf das Untere Dantian. Dieses gilt als Energiereservoir und befindet sich etwa drei Zentimeter unterhalb des Nabels (siehe Tour 12).

Auf den Gespitzten Riegel

Rundwanderung im Rosaliengebirge

Bahnhof Bad Sauerbrunn Gesundheitszentrum		Gespitzter Riegel 594 m		Bahnhof Bad Sauerbrunn Gesundheitszentrum
	1½ Std. ↗ 330 Hm		2 Std. ↘ 330 Hm	3½ Std. 330 Hm

Charakter: Wanderung auf gut bezeichneten Waldwegen.
Ausgangspunkt: Bahnhof bzw. Gesundheitszentrum von Bad Sauerbrunn.
Anfahrt: per Bahn oder über die A2, Abfahrt Wiener Neustadt, dann S4 bis Bad Sauerbrunn.

Einkehr: Gaststätten in Bad Sauerbrunn.
Info: Gemeindeamt Bad Sauerbrunn, Tel. 02625/32203; www.badsauerbrunn.at. Gemeindeamt Forchtenstein, Tel. 02626/63125, www.forchtenstein.at.

Bad Sauerbrunn liegt malerisch am Fuße des Rosaliengebirges und bietet seit mehr als hundert Jahren seinen Kurgästen Ruhe und Erholung. Der Ort ist seit 1847 durch die Bahnverbindung von Wien und Sopron aus gut erreichbar. In der Trinkhalle können Sie sich vor der Wanderung mit dem magnesiumreichsten Wasser Österreichs stärken und den „Säuerling“ für unterwegs abfüllen.

Wegverlauf

Der rot markierte Wanderweg führt an der katholischen Kirche vorbei in Richtung „Mitterriegel“. Durch einen romantischen Hohlweg mit querliegenden Baumstämmen geht es bergauf bis zu einer Kreuzung. Wir wenden uns nach links (Schild „Rosalia“) und gehen nach zehn Minuten auf dem rechts abzweigenden, blau markierten Weg weiter. Nicht dem abwärtsführenden Weg nach Eichbühel folgen!

Der Gipfelbereich des **Gespitzten Riegels** ist mit Brombeeren umrankt. Bänke laden zu einer Rast ein. Wir folgen nun wieder dem blau markierten Weg, der in die Forststraße in Richtung Rosalienkapelle einmündet. Wir nehmen den zweiten (!), gelb markierten Weg, der links (östlich) durch einen großen Buchenwald, dann durch Fichten- und Mischwälder abwärtsführt und uns an einem Rastplatz vorbei nach **Bad Sauerbrunn** zurückbringt.

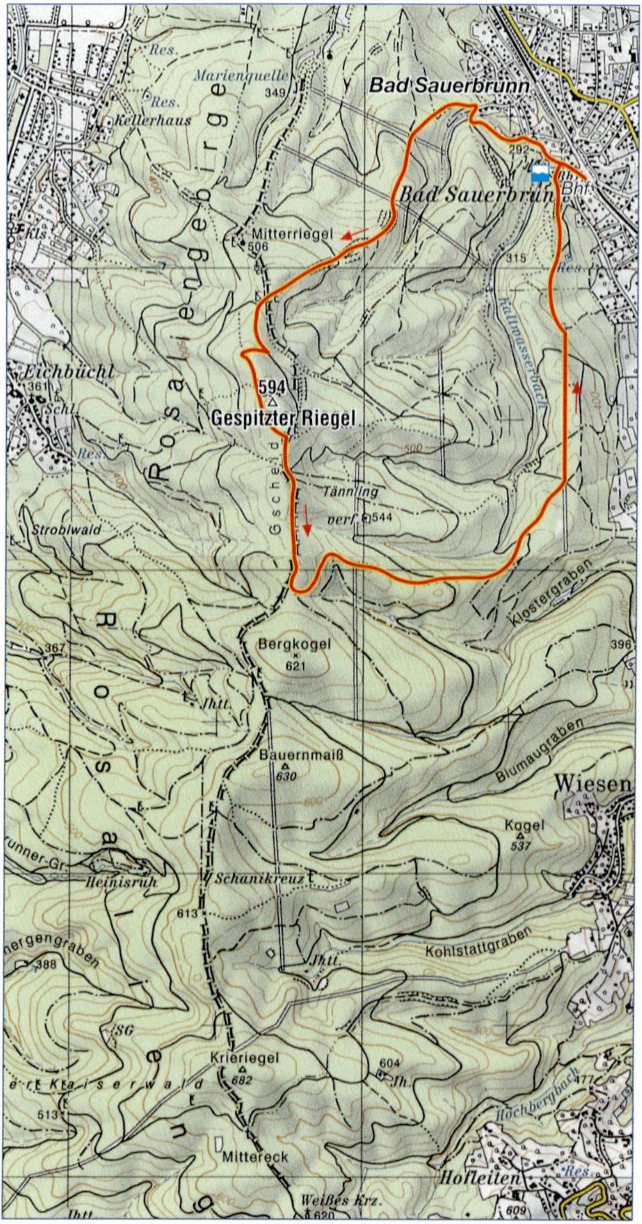

Bad Sauerbrunn
Bad Sauerbrunn
Bhf.
Marienquelle
Res.
Kellerhaus
349
292
Mitterriegel
506
315
Kaltwasserbach
Rosaliengebirge
Eichbüchl
361
Schl.
594
Gespitzter Riegel
Gscheid
Tännling
544
Stroblwald
Klostergraben
Bergkogel
621
367
396
Jhtl.
Bauernmaiß
630
Blumaugraben
Wiesen
Kogel
537
Heinisruh
Schanikreuz
613
Kohlstattgraben
388
Jhtl.
SG
Krieriegel
682
604
Kaiserwald
513
Hochbergbach
477
Mittereck
Hofleiten
Res.
Weißes Krz.
620
609

Kultur unterwegs

Die *Burg Forchtenstein*, etwa 10 km südlich von Bad Sauerbrunn, beherbergt eines der größten öffentlichen Privatmuseen Mitteleuropas, die Fürstlich Esterházy'schen Sammlungen. Die Burg wurde im 14. Jahrhundert auf einem Dolomitfelsen des sonst kristallinen Rosaliengebirges erbaut.

Ebenfalls sehenswert sind in der Umgebung von Forchtenstein ein *historischer Kalkofen* und die 1666 am höchsten Punkt (748 m) des Gebirgszuges errichtete *Rosalienkapelle* (südwestlich von Forchtenstein), die der sizilianischen Heiligen Rosalia geweiht wurde. Die Einsiedlerin lebte in einer Grotte auf dem Monte Pellegrino. Sie starb um 1160. Als am 15. Juli 1624 ihre Gebeine nach Palermo überführt wurden, soll dies dort zum Ende der Pestepidemie geführt haben, so berichtet jedenfalls die Legende.

Wellness-Tipp: Fühlen

Wie fühlt sich diese Rinde an?

Am Weg kommen Sie an vielen verschiedenen Baumarten vorbei. Ertasten Sie mit Ihren Händen die verschiedenen Rindenoberflächen und Strukturen. Spüren Sie, ob die Borke rissig oder glatt ist. Ob sich der Baum kalt oder warm anfühlt. Schließen Sie die Augen und lehnen Sie sich mit dem Rücken am Stamm an. Gibt der Baum Sicherheit? Umarmen Sie einen Baum, der Sie besonders anspricht. Reiben Sie an seinen Blättern. Sind sie hart oder weich, flaumig oder rau? Die Bäume liefern uns den Sauerstoff zum Atmen und spenden an heißen Tagen angenehmen Schatten.

Tour 8

Burgenland

Zwischen Pauliberg und Ruine Landsee

Im Naturpark Landseer Berge

Charakter: Die Wege sind nicht immer eindeutig markiert, Orientierungssinn und Karte notwendig.
Ausgangspunkt: Ortszentrum von Kobersdorf.
Anfahrt: Busverbindung nach Kobersdorf (Postamt) bzw. A2 bis Wiener Neustadt, dann S4 und S31.
Einkehr: Rudis Spezialitätenbeisl in Landsee (Mi bis So warme Küche); Konditorei Kern in Kobersdorf.

Info: Gemeindeamt Kobersdorf, Tel. 02618/8200, www.kobersdorf.at, www.landseer-berge.at.
Tipps: Im Sommer bietet der Badesee bei der Waldmühle eine angenehme Erfrischung.
Trinken Sie das Kobersdorfer Mineralwasser direkt aus der Quelle im Elisabethpark. Es wirkt vor allem bei Erkrankungen der Nieren und des Darmes.

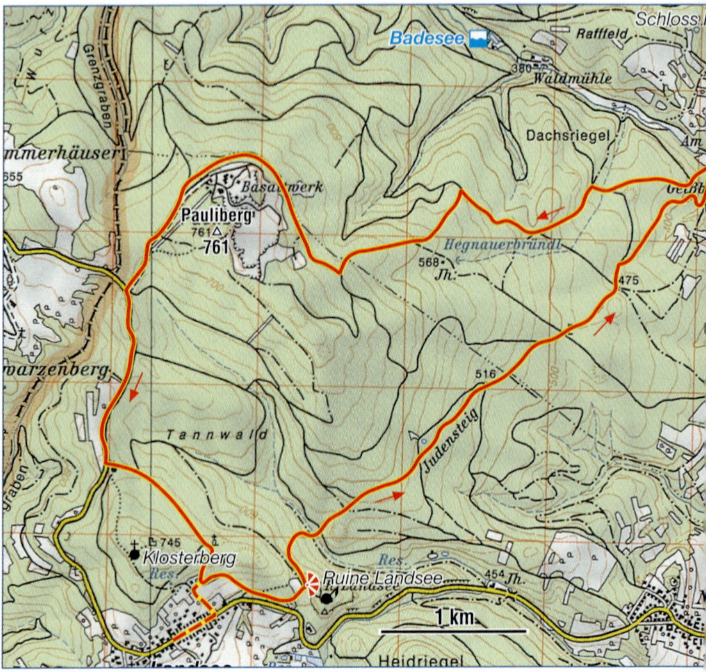

Ruine Landsee

Ein Teil des Naturparks Landseer Berge liegt in Niederösterreich, der andere im Burgenland am Rande der Buckligen Welt. Die Wanderung führt uns durch Wälder auf den Pauliberg, einen geologisch „jungen“ Vulkan, der immer niedriger wird, da sich auf seinem Gipfel ein Basaltsteinbruch befindet.

Wegverlauf

Wir gehen die Theodor-Kery-Straße hinauf, an der Pension Waldhof vorbei bis zur Brücke über den Mühlbach. Im Wald wählen wir die rechte, gelbe Markierung auf den **Pauliberg,** dessen höchste Erhebung wir umgehen, da der Basaltsteinbruch nicht betreten werden darf. Wir folgen ein Stück auf der Asphaltstraße der rot-gelben Markierung des Burgenland-Weitwanderweges. Bei einer Kapelle biegen wir nach links in eine Forststraße ab (hier gibt es köstliche Brombeeren!). Die Straße führt uns zum Ort Landsee, wo wir einkehren können. Auf dem Klosterberg befinden sich Ruinen eines Kamaldulenserklosters. Von der **Ruine Landsee** führt der Judensteig, auf dem ein Stück des Zentralalpenweges 02 und des Burgenland-Weitwanderweges 07 verläuft, zurück zum Ausgangspunkt. *Achtung:* Kurz hinter der Ruine Landsee nach Überquerung des Baches nicht auf der breit angelegten Forststraße weitergehen! Sondern links hinauf und nach ein paar Schritten gleich wieder rechts in den Wald, wo die Markierung wieder deutlich sichtbar ist.

Kultur unterwegs

Schloss Kobersdorf: Die ehemalige Wasserburg ist ein Zentrum der kulturellen Begegnung; Konzerte und Schlossspiele im Juli. Info: Tel. 02682/66211, schlossspiele@kobersdorf.at.
Die *Synagoge* wurde 1860 erbaut und blieb als einzige der damaligen „Siebengemeinden" erhalten.
Burgruine Landsee: Bei dem Rundgang durch die erstmals 1158 urkundlich erwähnte Burg wird deutlich, dass sie einst eine der mächtigsten Wehranlagen Europas war. 1790 wütete ein Großbrand. Im ehemaligen Wohnturm (Donjon/Palas) führen eine Holztreppe und eine Metallwendeltreppe auf eine Plattform mit Aussicht über den Naturpark bis zum Neusiedler See und nach Ungarn (geöffnet von Ostern bis Allerheiligen täglich von 9.00 bis 18.00 Uhr), www.landseeaktiv.at.

Wellness-Tipp: Wasser im Zyklus der 5 Elemente

Nach der chinesischen 5-Elemente-Lehre wirken fünf Wandlungsphasen harmonisch zusammen. Sie bezeichnen die Fähigkeit der Natur, die Dinge zu wandeln. Der Lebensfluss verläuft nach bestimmten Gesetzmäßigkeiten. Auf den Frühling folgt immer der Sommer, auf die Jugend das Alter. Jede Jahreszeit hat ihre eigene Farbe, ihre Körperorgane und ihre Stimmung. Wasser ist das Element des Winters. Es symbolisiert den ewigen Fluss des Werdens und Vergehens. Die Farbe ist Schwarz. Die entsprechenden Organe sind die Nieren und die Blase. Yin, Kälte und Dunkelheit, dominiert, während Yang, Licht und Wärme, im Verborgenen wirkt. In der feuchten Erde keimen bereits Samen. Der Winter ist die Zeit des Bewahrens, des In-sich-Gehens.

Von Bad Schönau auf den Hutwisch

Sanfte Hügel in der Buckligen Welt

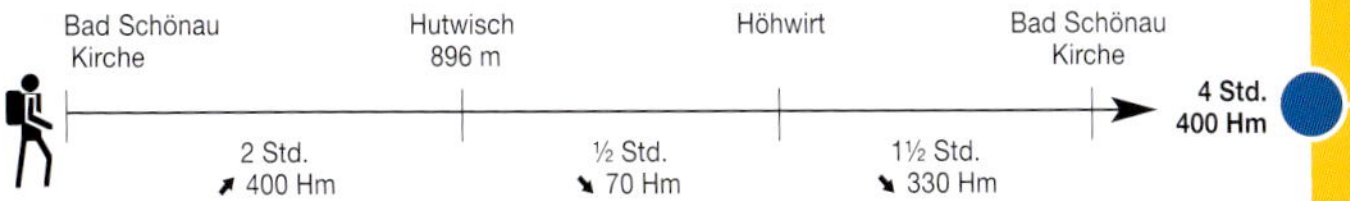

Charakter: Gut markiert und beschildert.
Ausgangspunkt: Bad Schönau.
Anfahrt: Busverbindung vom Bahnhof Edlitz-Grimmenstein oder Bad Tatzmannsdorf nach Bad Schönau bzw. über die A2 (Abfahrt Krumbach oder Aspang-Zöbern).
Einkehr: Höhwirt, Di Ruhetag, Mi bis Mo ab 8.00 Uhr geöffnet.
Info: Kurgemeinde Bad Schönau, Tel. 02646/8284, gemeinde@bad-schoenau.gv.at, www.buckligewelt.at.
Tipp: Jeden Dienstag werden geführte Wanderungen angeboten, Dauer ca. 3 Std., Treffpunkt um 14.00 Uhr beim Musikpavillon im Kurpark.
Hinweis: Die „Pittener Waldmark“ war einst eine geschlossene Waldlandschaft, in der erst nach und nach Rodungen durchgeführt wurden, auf die Namensendungen wie „-schlag“ (z. B. Kirchschlag) und „-reith“ hinweisen.

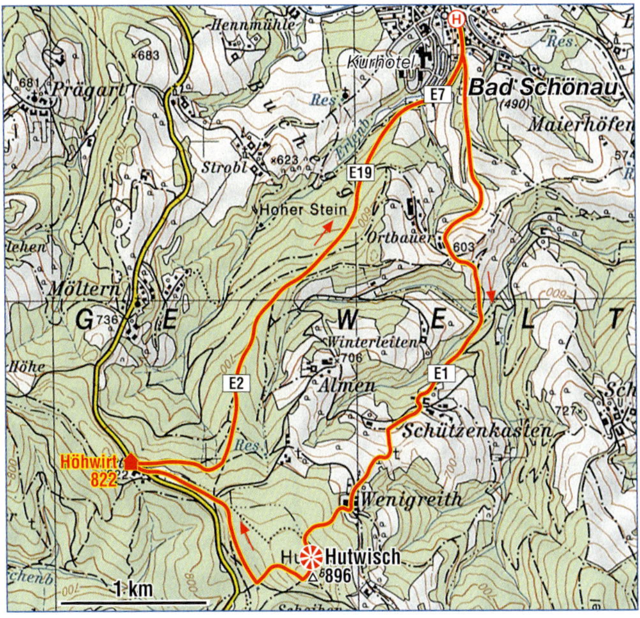

Die sanften Hügel laden zum Wandern ein. Wir gehen auf die höchste Erhebung der Buckligen Welt, den 896 Meter hohen Hutwisch. Der Name soll sich von dem Weitblick herleiten, den man einst vom Gipfel hatte. Die Menschen waren dort „auf der Hut“ vor Gefahren oder auch „gut behütet“. Das Plateau ist nun bewaldet, eine weite Aussicht genießt man jedoch noch von der Aussichtswarte.

Wegverlauf

Vom Ortszentrum führt unsere Wanderung zur Wehrkirche und weiter am Weg E1 zunächst blau, dann rot markiert, immer sehr gut beschildert vorbei an Bauernhöfen und durch Wald auf den **Hutwisch** mit Rastplatz und Aussichtswarte. Entlang des gelb markierten Weges erreichen wir den **Höhwirt,** wo wir einkehren können. Gegenüber vom Wirtshaus führt der Weg E2 abwärts. Am Rand blüht der Violette Fingerhut *(Digitalis purpurea)* in den verschiedensten Farbvarianten. Wir münden schließlich in den grün markierten Weg E19 ein und folgen dann dem blau markierten Weg E7 zurück zum Kurpark von **Bad Schönau** und zum Ortszentrum.

Wellness-Tipp: Schmecken

Ein gesunder, süßer Genuss reift im Sommer im Wald und am Wegesrand: die blauen oder roten Früchte von Heidelbeeren, Walderdbeeren, Himbeeren und Brombeeren. Sie enthalten neben Vitaminen, Mineralstoffen und Fruchtsäuren „Biophenole“. Das sind in Obst enthaltene Gerbstoffe, die das Immunsystem stärken und gegen Krebs vorbeugen, indem sie Freie Radikale binden, die gesunde Zellen angreifen können. Heidelbeeren stärken die Sehkraft und verbessern das Gedächtnis. In der Volksmedizin werden sie schon lange gegen Durchfall und bei Magen-Darm-Erkrankungen verwendet. Die Früchte der Brombeeren erfrischen und beruhigen den Magen. Tee aus getrockneten Blättern hilft ebenfalls gegen Durchfall und gegen Zahnfleischentzündungen. Erdbeeren entwässern und beugen gegen Gicht vor. Auch die Früchte der Himbeeren und der Tee aus getrockneten Blättern sind altbewährte Heilmittel, da sie entzündungshemmend wirken und einen hohen Anteil an Ballaststoffen enthalten.

Wehrkirche St. Peter und Paul

Kultur unterwegs

Wehrkirche St. Peter und Paul mit bemerkenswerten Fresken. Die romanischen Teile wurden um 1120 errichtet, der spätgotische Umbau erfolgte um 1500.
Beim *Mumyhua-Festival* (*Mu*sik und *My*stik am *Hua*twisch) im Steinbruch unterhalb des Hutwisch-Gipfels kommen Jazz-, Blues-, Folk- und Rock-Liebhaber auf ihre Rechnung, www.mumyhua.at.

Durch die Willersdorfer Schlucht

Zum kleinen Dreiländereck

Willersdorf		Dreiländereck 501 m		Schmiedrait 655 m		Aschau 540 m		Willersdorf	
	1¾ Std. ↗ 110 Hm		¾ Std. ↗ 150 Hm		¾ Std. ↘ 115 Hm		1¼ Std. ↘ 145 Hm		4½ Std. 260 Hm

Charakter: Einfach; bei Nässe ist Vorsicht erforderlich, da die Holzstege sehr rutschig sein können.
Ausgangspunkt: Willersdorf im Burgenland.
Anfahrt: Busverbindung vom Bahnhof Edlitz-Grimmenstein bzw. von Bad Tatzmannsdorf nach Oberschützen, von dort gelegentlich Anschluss nach Willersdorf; von April bis Ende Oktober gibt es einen speziellen „Walking- und Wanderbus", der Fahrplan ist bei der Information in Bad Tatzmannsdorf zu erfragen.
Von der A2: Abfahrt Friedberg-Pinggau oder Pinkafeld, dann auf der Bundesstraße bis Oberschützen und weiter nach Willersdorf.
Einkehr: Imbissstube am Dreiländereck (am Wochenende geöffnet); Dreiländer-Hof Treiber in Schmiedrait (auch Taxiunternehmen), Gasthaus Gabriel in Willersdorf.
Info: Gästeinformation, Tel. 03353/7015, info@bad.tatzmannsdorf.at, www.bad.tatzmannsdorf.at; zum Naturerlebnispfad: members.a1.net/naturschutz-oberwart (unter Aktionen – Projekte). Herr Josef Weinzettl führt nach Rücksprache geführte Wanderungen durch, Preis nach Vereinbarung, vbnoenb_ow@gmx.at.

Die Heilquellen von Bad Tatzmannsdorf waren schon zur Bronzezeit bekannt. Seit dem 17. Jahrhundert gibt es Trinkkuren und einen Badebetrieb. Das „ungarische Heilwasser" wurde bis nach Wien gebracht. Die Landschaft ist von einem dichten Netz markierter Lauf- und Walkingstrecken durchzogen.
Die Willersdorfer Schlucht stellt eine ökologische Besonderheit dar, denn durch sie erstreckt sich der Alpenraum als Ausläufer des Wechselmassivs bis ins Südburgenland hinein. Am Dreiländereck befindet sich ein Imbissstand, ein Kreuz und ein Betonkegel mit den Wappen der drei Länder. Die Aussicht am Rückweg reicht – insbesondere von der auf einer kleinen Anhöhe erbauten evangelischen Kirche – zum Bernsteiner Bergland, in die Bucklige Welt bis zum Wechselgebiet und in das Joglland.

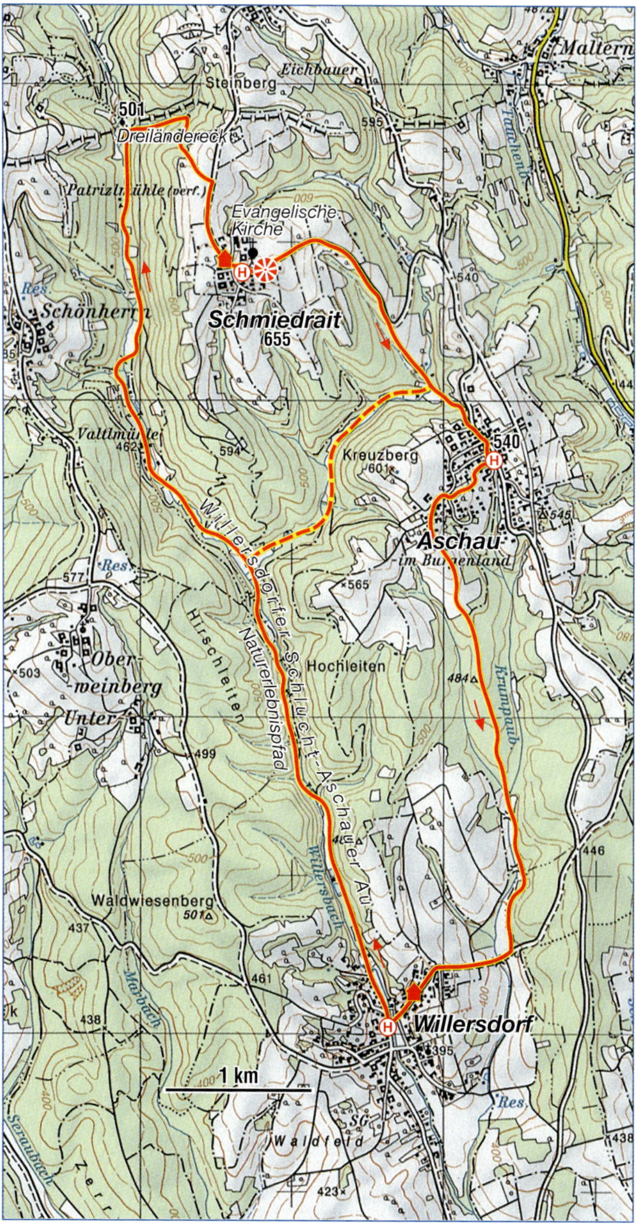

Maltern
Eichbauer
Steinberg
501
Dreiländereck
595
Patrizlmühle (verf.)
Evangelische Kirche
Schönherrn
Schmiedrait
655
540
Vattlmühle
462
594
Kreuzberg
601
540
Aschau
im Burgenland
545
577
565
Ober-
weinberg
Unter
503
Hirschleiten
Willersdorfer Schlucht-Aschauer Au
Naturerlebnispfad
Hochleiten
484
Krumpaub
499
446
Willersbach
Waldwiesenberg
501
437
461
Marbach
438
Willersdorf
395
1 km
Res
Waldfeld
423
438
Serau bach

Dreiländerstein

Wegverlauf

In **Willersdorf** informiert eine Tafel über den Naturerlebnispfad. Hier können wir noch eine Jause für unterwegs einkaufen. Hinter einem Wasserrückhaltebecken erstreckt sich ein Auwald. Stege führen uns mehrmals über den Willersbach, der idyllisch durch ein Tal mit Wiesen und Auwäldern fließt. Der neu errichtete Erlebnispfad mit acht Stationen fordert zum eigenen Erforschen und zu einer spielerischen Annäherung an die Natur auf. Beim **Dreiländereck** gehen wir durch den Wald bergauf (W52 bzw. rotgelbe Markierung; nicht nach Offenegg gehen!) bis zur Straße nach **Schmiedrait,** wo schon von weitem die große evangelische Kirche zu sehen ist. Wir wandern weiter in Richtung Aschau und kürzen bei der markanten Linkskurve auf einem geradeaus weiterführenden Wiesenpfad die Straßenschleife ab. In **Aschau** halten wir uns rechts (weiß-blaue Markierung). Abwechselnd durch Wald und an Maisfeldern vorbei erreichen wir wiederum **Willersdorf.**

Kultur unterwegs

Stadtschlaining: mittelalterliche Stadt mit Burg und Burgmauer. Die *Burg Schlaining* beherbergt das Europäische Friedenszentrum mit Museum und Universität. Die ehemalige Synagoge dient nun als Friedensbibliothek.
Bernstein: Am Fuße des Bernsteiner Berglandes zwischen Buckliger Welt im Nordwesten (Tour 9) und Günser Gebirge im Südosten (Tour 11) befindet sich das größte Serpentinvorkommen Österreichs. Der grüne Edelserpentin („Schlangenstein") wird zu Vasen, Kerzenständern, Schalen und Schmuck verarbeitet. Das Felsenmuseum informiert in unterirdischen Stollen über die Geschichte des Abbaus. Besichtigung täglich ab 9.00 Uhr, Jänner und Februar nur für Gruppen gegen Voranmeldung:

Blick nach Oberschützen, dahinter die Bucklige Welt und das Wechselgebiet

Tel. 0650/5667866. Die Burg (jetzt Schlosshotel) Bernstein gehört der Familie Berger-Almásy. Bekannt wurde der Wüstenforscher Laszlo Almásy durch den Film „Der englische Patient". *Aschau:* Im Haus Nr. 49 in Aschau sind Turmuhren (Räderwerke) und Bratenwender von der Gotik bis in das Industriezeitalter ausgestellt. Diese wertvollen Raritäten können bei rechtzeitiger Terminvereinbarung besichtigt werden: Tel. 03353/66-20 oder 03353/71-85, www.uhrenstube-aschau.at.

Wellness-Tipp: Den Boden fühlen

Die Station 7 (Tastplatz „Erlen-Eschen-Au") eignet sich besonders gut für die eingehende Untersuchung des Bodens. Nehmen Sie eine Handvoll Erde auf. Wonach riecht sie? Ist sie feucht oder trocken? Sind die Blätter ganz oder angenagt? Können Sie Lebewesen entdecken? Auwaldböden haben eine nährstoffreiche Humusschicht. Millionen kleinster Organismen tragen in einer unvorstellbaren Artenfülle zur Fruchtbarkeit des Bodens bei. Einzeller, Würmer und Insekten kriechen, krabbeln oder fressen sich durch die verborgene Welt unter unseren Füßen. Pilze und Baumwurzeln bilden ein dichtes unterirdisches Geflecht, das Nährstoffe, Energie und sogar Informationen weiterleitet.

Tour 11

Von Rechnitz auf den Geschriebenstein

Schmetterlinge, Pilze und Mühlen an der Grenze

Rechnitz Kirche		Geschriebenstein 884 m		GH Waldhof 802 m		Großer Hirschenstein 862 m		Rechnitz Kirche	
	3 Std. ↗ 520 Hm		½ Std. ↘ 80 Hm		¾ Std. ↗ 60 Hm		2 ¼ Std. ↘ 500 Hm		6½ Std. 580 Hm

Burgenland

Charakter: Markierte Waldwege. Eine gute Kondition ist aufgrund der Länge erforderlich. Von der Passhöhe kann man auch mit dem Bus zurück nach Rechnitz fahren bzw. erst hier beginnen.
Ausgangspunkt: Rechnitz, Hauptplatz oder Kirche bzw. am Badesee.
Anfahrt: Busverbindung von Wiener Neustadt oder A2, Abfahrt Friedberg oder Lafnitztal.
Einkehr: Gasthof Waldhof an der Passhöhe (kein Ruhetag), Gaststätten und Heurigen in Rechnitz, Althodis und Markt Neuhodis.
Info: Informationsbüro Rechnitz, Tel. 03363/79143, 0664/4026851, naturpark.rechnitz@netway.at; Naturparkinformation Markt Neuhodis, Tel. 03363/77010, 0664/5057879, naturpark-markt-neuhodis@wellcom.at, www.naturpark-geschrieben-stein.at.
Kultur unterwegs: *Gustav Pick*, der Komponist des berühmten Wiener Fiakerliedes, wurde 1832 in Rechnitz geboren, das damals zur ungarischen Reichshälfte gehörte. Ein Gastzimmer im *Gasthof Schlossberg* erinnert an den Geburtsort des Künstlers.
Tipp: *die Märchenbahn*: An den Wochenenden fährt von Juni bis Ende August der Zug von Groß-petersdorf nach Rechnitz (zuweilen mit einer Dampflok) durch einen Märchenwald. Im Märchenwald gibt es „echte" Zwerge, Hexen, Zauberer und Schlümpfe. Info: Tel. 03362/259125, adolf.schuch@schuch-reisen.at, www.maerchenbahn.at.

Die hier vorgeschlagene Tour auf den höchsten Berg des Burgenlandes ist kein Spaziergang und man sollte sich auch genügend Zeit für die zahlreichen Sehenswürdigkeiten – Mühlen, Themenwege – nehmen. Im Sommer kann die Tour mit einer Abkühlung im Badesee ausklingen.

Wegverlauf

Wir gehen bei der **Kirche** rechts hinunter in Richtung Badesee vorbei an der Vinothek in der ehemaligen Reichermühle und an einem Wanderkreuz. Im Faludital erhalten wir bei einer Mühlenruine Informationen über die botanischen Namen der Pflanzen.

Roter (Purpur-) Fingerhut (Digitalis purpurea)

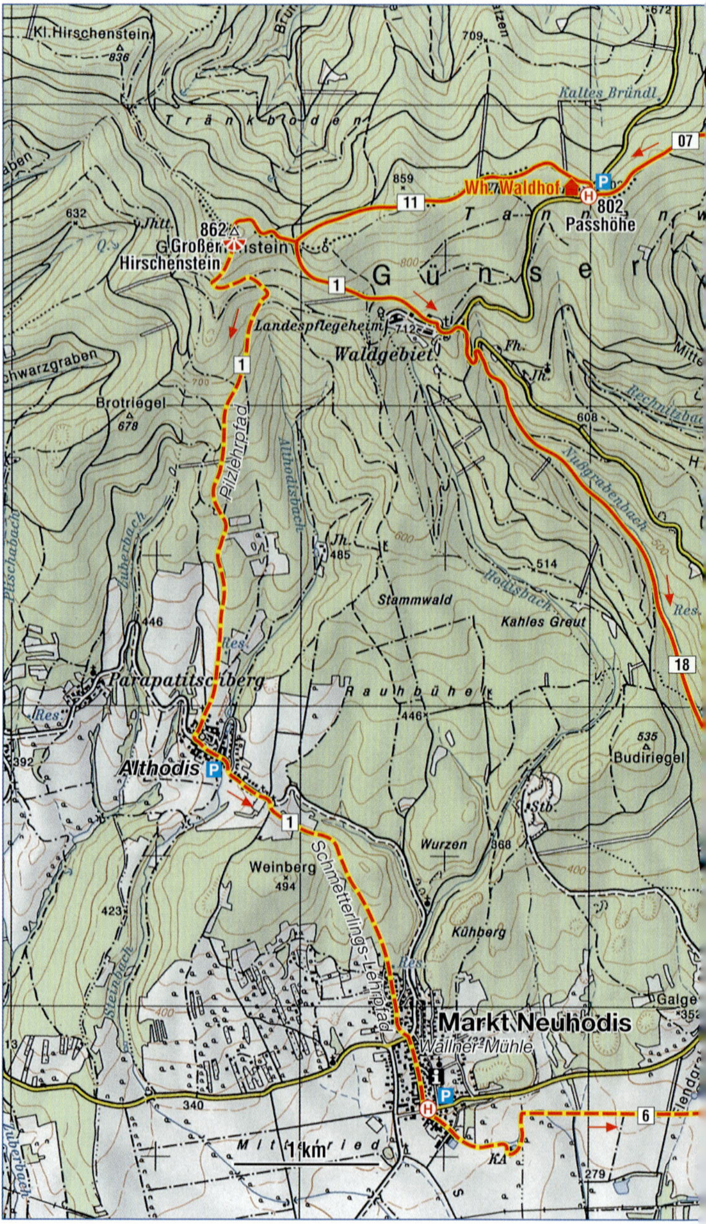

Kl. Hirschenstein
836
Tränkboden
Kaltes Bründl
07
859
Wh. Waldhof
11
802
Passhöhe
632
862
Großer Hirschenstein
1
Günser
Tannwald
Landespflegeheim
712
Waldgebiet
Schwarzgraben
1
Brotriegel
678
Pilzlehrpfad
Althodisbach
Rechnitzbach
608
Nußgrabenbach
Jh.
485
600
514
Hodisbach
Stammwald
Kahles Greut
Zuberbach
446
Parapatitscberg
Res.
Rauhbühel
18
446
535
Budiriegel
392
Althodis
1
Schmetterlings-Lehrpfad
Wurzen
368
Weinberg
494
423
Kühberg
Steinbach
Markt Neuhodis
Wallner-Mühle
Galge
352
340
6
Mitterried
1 km
279

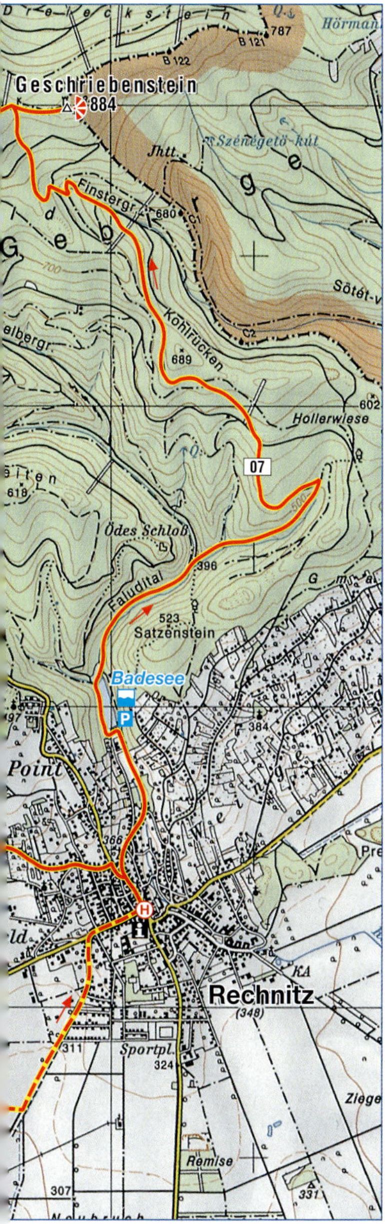

Am Burgenland-Weitwanderweg 07 kommen wir auf den **Geschriebenstein,** wo bei der steinernen Warte der Grenzübergang nach Ungarn liegt. Fußgänger und Radfahrer dürfen die Grenze überschreiten (ein Personalausweis ist erforderlich). Auf der ungarischen Seite des Naturparks gibt es ebenfalls zahlreiche schöne Wanderwege. Wir gehen jedoch nach Westen zur Passhöhe. Beim Gasthaus **Waldhof** führt der Weg 11 auf einem bewaldeten Rücken zum **Großen Hirschenstein** mit der weithin sichtbaren ORF-Sendeanlage. Wir gehen zur Kreuzung zurück und steigen erst am Weg 1, dann am Weg 18 entlang des Nussgrabenbaches nach Rechnitz ab. In der Nussgrabenstraße treffen wir beim Heurigen der Familie Koch auf einen der letzten Lederstiefel erzeugenden „Csizmen-Macher" (csizma = ungarische Schaftstiefel).

Variante:

Am Weg 1 vom Großen Hirschenstein nach Althodis befindet sich ein vier Kilometer langer *Pilzlehrpfad* mit 18 Schautafeln und 300 Pilzmodellen: Von April bis November werden Führungen für Gruppen ab acht Personen angeboten: Tel. 0664/ 5057879, Dauer: 3 Std.

Tagpfauenauge (Inachis io)

Biologische Informationen

Das landschaftlich reich strukturierte Gebiet zwischen Althodis und Markt Neuhodis bietet mehr als hundert tagaktiven Schmetterlingsarten einen Lebensraum. Im Bereich des Weinberges informieren entlang eines *Schmetterlings-Lehrpfades* zweisprachige Tafeln und eine ebenfalls zweisprachige Broschüre über die Lebensweise der bunten, manchmal auch unscheinbaren Tiere. In der „Nacht der Falter" lockt der Biologe Dr. Helmut Höttinger mit speziellen Leuchten nachtaktive Schmetterlinge an. Führungen finden auch tagsüber statt. Information: Naturparkbüro Rechnitz und Markt Neuhodis.
Die *Wallner-Mühle* in Markt Neuhodis ist von März bis Oktober, Di bis So 10.00–12.00 und 14.00–17.00 Uhr geöffnet. Information: Herr Hubert Reschl, Tel. 0664/5057879.

Wellness-Tipp: Atmung, Entspannung und Spannung

Atmung, Entspannung und Spannung sind die drei Grundelemente unseres Lebens. Mit der Atmung nehmen wir den lebenswichtigen Sauerstoff auf. Sie schafft eine enge Verbindung mit unserer Umwelt. Frische, gesunde Luft gibt uns Lebenskraft für den Alltag. Durch ruhiges, gleichmäßiges Atmen gleiten wir in den Zustand der Entspannung. Muskeln, Nerven und Gedanken ruhen sich aus. Atmen Sie ein und spannen Sie dabei den Körper bis zum Vibrieren an. Nun machen Sie eine ganz kurze Pause und dann lösen Sie die Spannung beim Ausatmen. Dann wiederholen Sie die Übung einige Male.

Von Rettenegg auf die Pretul

Am Planetenweg „Himmel auf Erden“

Rettenegg 862 m	Schwarzriegel 1593 m	Pretul 1653 m	Roseggerhaus 1588 m	Rettenegg 862 m	
3 Std. ↗ 730 Hm	¾ Std. ↗ 60 Hm	¼ Std. ↘ 65 Hm	2 Std. ↘ 725 Hm		**6 Std. 790 Hm**

Charakter: Bergtour, Wanderausrüstung und Bergschuhe sind notwendig. Am Kammweg ist es oft windig.
Ausgangspunkt: Rettenegg im Feistritztal.
Anfahrt: Busverbindung mit Birkfeld; mit dem Auto von Gloggnitz über den Feistritzsattel oder aus dem Mürztal über Ratten.
Einkehr: Alois-Günther-Haus (bewirtschaftet Dezember bis April, Mitte Mai bis Oktober, kein Ruhetag); Roseggerhaus (ganzjährig, kein Ruhetag).
Info: Gemeinde und Tourismusverband Rettenegg, Tel. 03173/8020, www.rettenegg.at; Tourismusverband Spital am Semmering, Tel. 0664/3322121, www.spital-semmering.at.

Die Fischbacher Alpen sind die östlichen Ausläufer der kristallinen Zentralalpen. Der Planetenweg „Himmel auf Erden“ erhielt die Auszeichnung „vorbildliches Projekt“ der Science Week Austria. Entlang des sechs Kilometer langen Weges von Rettenegg auf das Stuhleck sind die Planeten entsprechend ihrer Anordnung im Universum am 5. Mai 2000 im Milliardenmaßstab aufgestellt: 1 Million Kilometer im Weltall entsprechen einem irdischen Meter! Bei der Tour erleben die Wanderer die Größe des Weltalls sehr anschaulich: So braucht das Licht von der Sonne bis zum Saturn etwa gleich lang wie wir beim Gehen vom Sonnenmodell bis zum Saturnmodell. Wie lange? Vergessen Sie nicht, beim Gehen auf die Uhr zu schauen!

Wegverlauf

Wir beginnen die Wanderung beim Sternenpavillon. Hier und bei den einzelnen Modellen befinden sich Tafeln mit Informationen über die Astronomie des heutigen Weltbildes und jener vergangener Kulturen. Zusätzliche Zeit zum Lesen einplanen! Wir wandern am rot markierten Weg 743 stetig bergauf und erreichen den Höhenrücken des **Schwarzriegels,** auf dem sich in einer Glaskugel der Neptun befindet. Die Aussicht

„Kraftspende-Dorf" Rettenegg

Wellness-Tipp: Die Goldene Energiekugel

Diese Übung dient zur Stärkung der inneren Kraft. Qi-Gong-Grundhaltung im Stehen: die Beine stehen parallel, im schulterbreiten Abstand. Beugen Sie leicht die Knie, so als würden Sie sich auf einen Sessel setzen. Der Rücken ist gerade, die Schultern sind locker. Das Kinn ist leicht zur Brust hin eingezogen. Nun legen Sie beide Hände auf das Untere Dantian, dem Reservoir des Qi. Der Daumen der rechten Hand befindet sich am Nabel und die Finger liegen leicht gespreizt auf dem Unterbauch. Darüber legen Sie die linke Hand. Das Untere Dantian befindet sich etwa drei Zentimeter unterhalb des Nabels, in der Körpermitte.
Der Name „Zinnoberfeld" bezieht sich auf die Kostbarkeit dieses Bereiches. Atmen Sie langsam ein und spüren Sie das leichte Heben und Senken des Bauches. Atmen Sie nicht zu schnell und zu tief, sondern ruhig und gleichmäßig. Stellen Sie sich im Bereich des Dantians eine goldene Kugel vor, von der Wärme und Energie in den ganzen Körper fließt. Ein behagliches Gefühl breitet sich aus, das Sie eine Zeitlang genießen. Danach lassen Sie die Wärme wieder in die Bauchregion zurückfließen, konzentrieren Sie sich ein paar Atemzüge lang auf das Untere Dantian und lösen Sie dann die Körperhaltung auf, indem Sie das linke Bein zum rechten stellen.

reicht bis zum Hochschwab, zur Veitsch- und Schneealpe, weiter nördlich zur Rax und zum Schneeberg. Wir gehen links am Kamm entlang zur Peter-Bergner-Warte auf der **Pretul** und weiter zum **Roseggerhaus.** Auf dem rot markierten Waldweg 741 kehren wir dann nach **Rettenegg** zurück.

Variante

Vom Schwarzriegel wendet man sich nach rechts zum „Planetino“ Pluto, der sich beim Alois-Günther-Haus befindet. Gehzeit Schwarzriegel – Stuhleck hin und zurück ca. 1½ Stunden. Die Rückkehr erfolgt am selben Weg.

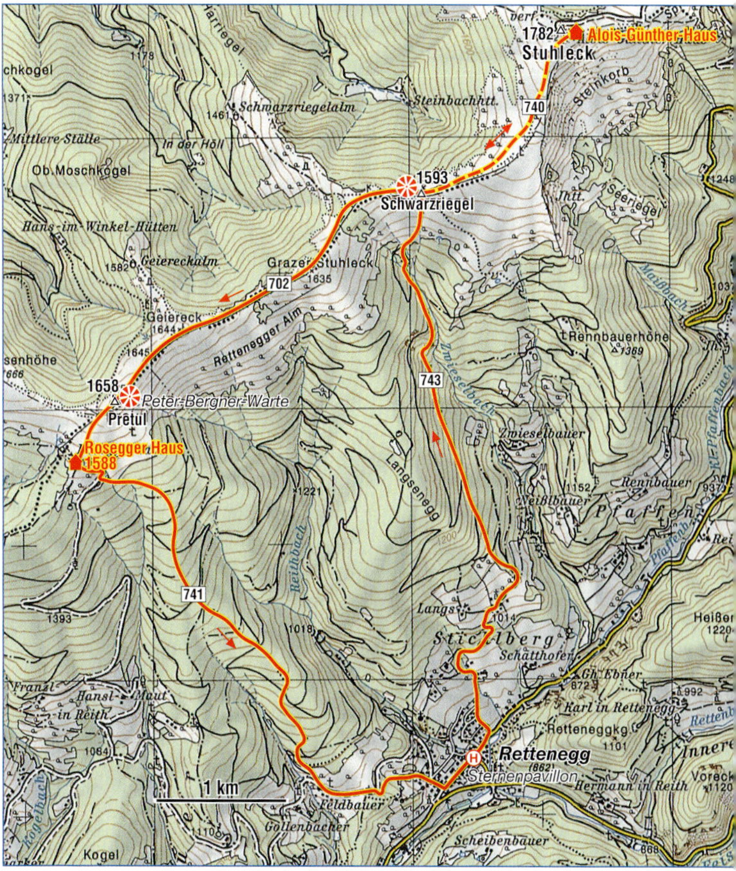

Auf dem Kraftpfad von Wenigzell

Barfußgehen und aus Kraftquellen schöpfen

Charakter: Beschilderter Kraftpfad; am Rückweg Markierungen und Hinweistafeln beachten! In leichter Steigung geht es mehrmals bergauf und bergab.
Ausgangspunkt: Wenigzell im Joglland.
Anfahrt: Werktags Busverbindung vom Bahnhof Rohrbach-Vorau bzw. über die A2, Abfahrt Hartberg.
Einkehr: Gaststätten in Wenigzell und in St. Jakob im Walde.
Info: Tourismusverband Wenigzell, Tel. 03336/2313, www.wenigzell.at; Tourismusverband St. Jakob im Walde, Tel. 03336/8212, www.st-jakob-walde.steiermark.at.

In Wenigzell befindet sich der „Erste Barfußpark Österreichs", der unter dem Motto „Raus aus den Schuhen, hinein ins Vergnügen" dazu einlädt, die Natur mit den Füßen zu erspüren. Ein Kraftpfad verbindet die Orte Wenigzell und St. Jakob im Walde. Auf 15 Stationen erfahren Sie, was es mit der Kraft der Sterne, der Erde, der Liebe, der Träume, der Zeit, des Wortes usw. auf sich hat. Dazu gibt es auch Gedanken: Von Dag Hammarskjöld stammt der Ausspruch „Die längste Reise ist die Reise nach innen". Von Buddha erfahren wir auf die Frage „Was ist die Welt?": „Das, worin Vergehen waltet".

Wegverlauf

Der Kraftpfad beginnt bei einem Bildstock in **Wenigzell** und ist bis **St. Jakob im Walde** gut ausgeschildert. Für den Rückweg wählen wir den rot markierten Wanderweg 918, der durch schöne Wälder führt. In einer kleinen „Schlucht" befindet sich eine Natur-Kneipp-Anlage, die zu einem erfrischenden Fußbad einlädt. Nach einem Haus queren wir über Stege zwei Bächlein und gehen auf dem Waldweg bergauf bis zu einer Kreuzung (Rastbank), wo wir uns weiterhin an den Weg 918 halten, der in Richtung Strallegg (Südwesten) führt. Bei der nächsten Kreuzung gehen wir links am Weg 916 hinauf in

Richtung Wenigzell und kommen bald zum Wegkreuz „Auf der Halt“. Über Wiesen, vorbei an Bauernhöfen und Obstbäumen, wandern wir in die Ortschaft zurück.

Das Joglland

verdankt seinen Namen (angeblich) einem Ausspruch der Kaiserin Maria Theresia bezüglich der vielen hier lebenden Männer, die „Jogl“ genannt wurden. Diese Kurzform leitet sich vom heiligen Jakobus ab, dem Schutzpatron der Schiffer, Apotheker, Soldaten und Pilger. Einige Orte dieser Region haben sich zu „Kraftspende-Dörfern“ zusammengetan und bieten

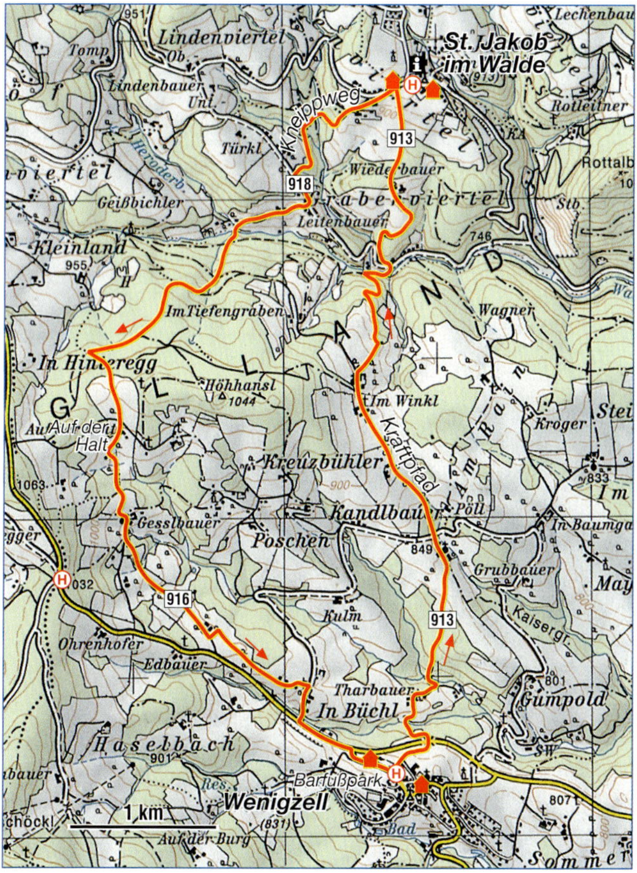

Bildstock in Wenigzell

besonders niveauvolle Erholung an. Sanfte Hügel mit Wiesen, Obstbäumen und Wäldern bieten schöne Wanderziele. Aufgrund der Höhenlage von fast eintausend Metern ist die Luft frisch und gesund. Die Dörfer erblühen in einem bunten Blumenschmuck und sind durch die „Steirische Blumenstraße" miteinander verbunden.

Wellness-Tipp: Barfußwandern

Barfußwandern ermöglicht ein Naturerlebnis ohne Blasen und Druckstellen durch eingeengte Füße. Wir verlangsamen die Schritte und achten konzentriert darauf, wohin man tritt. Durch den intensiven Kontakt mit dem Boden sensibilisieren wir unsere Wahrnehmung und verbessern die „Bodenhaftung". Bereits Sebastian Kneipp ermunterte zum barfüßigen Schreiten durch das kalte Wasser, wodurch die Wärmeproduktion des Körpers angeregt wird. Barfußgehen wirkt entspannend und stärkt das Immunsystem. Mit den von den Schuhen befreiten Füßen können folgende Übungen durchgeführt werden: die beiden großen Zehen ineinander verhaken und nach außen ziehen, wobei die großen Zehen gespreizt werden. Auch die kleinen Zehen auseinanderspreizen: das geht am besten mit der Hand. Die Übungen gleichen die in den Schuhen zusammengedrückte Haltung der Zehen aus, die zu Überbeinen führen kann, und beugen Schmerzen vor oder lindern sie.

Auf die Wildwiese im Joglland

Lochsteine am Sonnen- und Mond-Kultweg

GH Weber		„Toter Mann" 1066 m		Aussichtswarte Wildwiese, 1254 m		Floisenkogel 1217 m		GH Weber	
	1½ Std. ↘ 100 Hm		1 Std. ↗ 200 Hm		¼ Std. ↘ 100 Hm		¼ Std.		**3 Std. 200 Hm**

Charakter: Themenweg, durch blaue, dreieckige Hinweisschilder „Kultweg" mit Sonnen- bzw. Mondsymbol gekennzeichnet.
Ausgangspunkt: Miesenbach, Gasthaus Weber (Wildwiesenwirt).
Anfahrt: Busverbindung zum Kreuzwirt oder nach Miesenbach; im Sommer täglicher Wanderbus von Graz; über die A2, Abfahrt Hartberg.
Einkehr: Gasthaus Weber (kein Ruhetag); Schutzhütte auf der Wildwiese (Juni bis September täglich, sonst an Wochenenden und Feiertagen), Kreuzwirt (über den Jägersteig erreichbar).
Info: Tourismusverband Miesenbach, Tel. 03174/8380 und 8223, www.joglland.at. Tourismusbüro Strallegg, Tel. 03174/2366, www.strallegg.steiermark.at.
Kultur unterwegs: *Felsbild-museum* in Strallegg, Information Gasthaus Mosbacher, Tel. 03174/2212.

Die Wildwiese ist ein bewaldeter Bergrücken zwischen den „Kraftspende-Dörfern" Miesenbach, Wenigzell und Strallegg. Am höchsten Punkt stehen eine Aussichtswarte und eine Schutzhütte. Der Kultwanderweg besteht aus dem 13 Kilometer langen Sonnenweg und dem 5 Kilometer langen Mondweg. Tafeln geben Hinweise über die Besiedelungsgeschichte, Brauchtum, alte Kultstätten, Sagen und Legenden der Region.

Wegverlauf

In der Nähe des **Gasthauses Weber** befindet sich die erste Tafel. Von dort geht es unter der **Wildwiese** herum bis zur Kapelle beim **„Toten Mann"** und dann weiter bergauf zum Gipfel. Am **Floisenkogel** stehen drei Wetterkreuze zur Hagelabwehr. Hier zweigt der Jägersteig hinunter zum Kreuzwirt ab. Wir gehen am Kultweg zurück zu unserem Ausgangspunkt.

Varianten

Der *Mondweg* führt von der Station 6 direkt auf die Wildwiese hinauf. *Der Strallegger Lochstein-Wanderweg* 23 beginnt bei der Verbindungsstraße zwischen Strallegg und Miesenbach und quert den Kultweg beim Kohlweg. Gehzeit 1 Std.; gelbe Markierungen auf hölzernen Hinweistafeln. Als Zubringer zu dem 2 Kilometer langen Rundwanderweg dient der Wanderweg 11 aus Strallegg (Gehzeit hin und zurück 1½ Stunden).

Geheimnisvolle Kultsteine am Wegrand

Die in dieser Region zahlreich vorkommenden Lochsteine stehen meistens auf Energieplätzen. Sie dienten als Grenzsteine, Vermessungspunkte, Verlobungs- und Schwursteine oder als Altarsteine. Holzpfähle und Menhire (keltisch „hoher Stein") markierten Pfade und Grenzen, bevor Marterln und Wegkreuze diesen Zweck erfüllten. Terminus war der römische Gott der Grenzen und des Eigentums. Die Römer feierten das Fest der Terminalia am 23. 12., bei dem sie die Lochsteine schmückten und Tiere opferten. Die Rituale dienten zur Überprüfung und Einhaltung der Grenzen. Manche Lochsteine haben eine Türangel-Konstruktion. Die römische Göttin

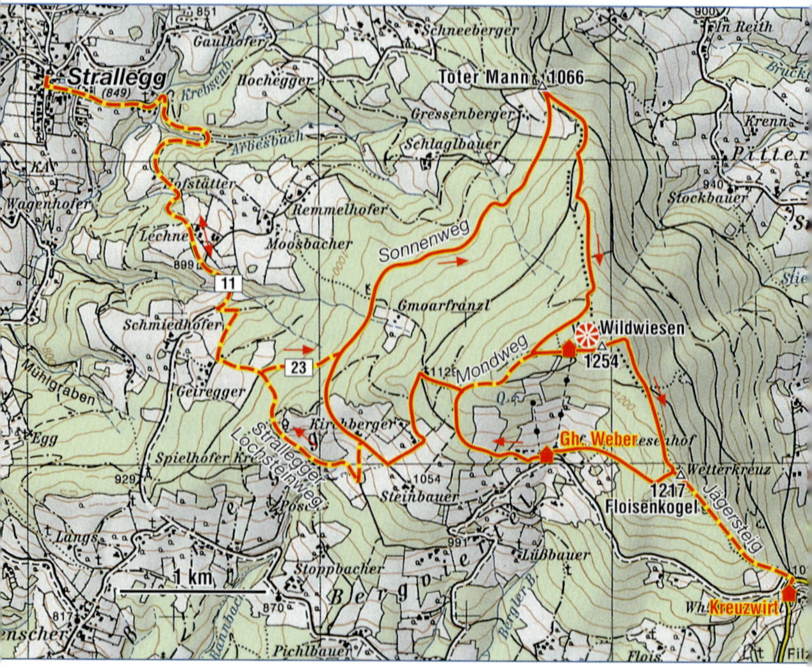

Lochstein mit nicht fertiggestellter Wegmarkierung

Carna war die Herrin der Türangeln, aber auch der Gesundheit und die Schützerin der Kinder. „Doppeltore“ wurden als Aus- und Eingänge dem zweiköpfigen Gott Janus gewidmet, der für den Anfang und das Ende stand. Der größte Lochstein des Gebietes ist der über zwei Meter hohe Mannstein, dessen oberer Teil einen Kopf darstellt.

Wellness-Tipp: Yang und Yin

Aufnehmende Yin-Handhaltung mit Apfel und wegschiebende Yang-Handhaltung

Der Wandel von Yang und Yin, Sonne und Mond, Tag und Nacht ist der schöpferische Prozess, aus dem alle Dinge der Welt entstehen. Das Eine kann ohne das Andere nicht existieren. Im gegenseitigen Übergang der beiden Pole Yang und Yin entsteht die Spannung, die die Energie Qi zum Fließen bringt. Beim Qi Gong und Taiji Quan wechseln sich öffnende und schließende, steigende und sinkende Bewegungen ständig ab. Unsere Vorstellungen sind eng mit der Körperhaltung verbunden! Machen Sie die Augen zu und drehen Sie einen Arm mehrmals, sodass der Handteller abwechselnd nach oben und nach unten zeigt. Was fällt Ihnen auf?
Der nach oben gerichtete Handteller ist leicht gewölbt und die Finger sind gekrümmt, um einen Gegenstand aufzunehmen. Das entspricht der Yin-Qualität. Die weiterführende Bewegung ist zum Körper hin, nach innen gerichtet. Die nach unten oder nach außen gerichtete Handstellung mit Yang-Qualität dient zum Schieben und Drücken. Die Finger sind gestreckt, der Daumen liegt eng an. Drücken Sie gegen einen Gegenstand und fühlen Sie die leichte Spannung. Wechseln Sie vom kleinen Finger ausgehend mehrmals die Handstellung von Yin zu Yang und umgekehrt.

Vom Wallfahrtsort auf den Masenberg

Gärten, Gastlichkeit und Gipfelerlebnis

Charakter: Bergwanderung auf markierten Wegen.
Ausgangspunkt: Pöllauberg, Parkplatz vorm Ort.
Anfahrt: Busverbindung von Hartberg bzw. A2, Abfahrt Hartberg.
Einkehr: Gaststätten in Pöllauberg; am Weg der Masenberger Olmstoll (Mi bis So ab 10.00 Uhr geöffnet).
Info: Tourismusverband Naturpark Pöllauer Tal, Tel. 03335/4210, www.naturpark-poellauertal.at, www.naturparke.at.

Kultur unterwegs: *Augustiner-Chorherrenstift Vorau*.
Berühmt sind die barocken Fresken, u. a. das „Höllenfresko" von J. C. Hackhofer.
Die Veranstaltungen im Bildungshaus des Stiftes vermitteln zwischen spirituellen und weltlichen Themen. Im Mittelpunkt steht die Einheit von Körper, Geist und Seele.
Das *Freilichtmuseum Vorau* ist von Ostern bis 31. Oktober täglich von 10.00 bis 17.00 Uhr geöffnet.

Frühling im Naturpark Pöllauer Tal

Das Gartendorf Pöllauberg mit seiner gotischen Marienwallfahrtskirche ist ein gern besuchtes Ziel. Die Spiritualität des Ortes ist spürbar. Ein Spaziergang durch die Themen- und Erlebnisgärten vor oder nach der Einkehr in einem der Gasthäuser, die typisch steirische Gerichte servieren, ist entspannend und informativ. Wir beginnen von hier aus eine Tour auf den Masenberg, von dessen Gipfel wir im Norden in das Wechselgebiet und auf die sanften Hügel des Joglandes, im Süden weit in die südoststeirische und burgenländische Ebene blicken.

Marienwallfahrtskirche Pöllauberg

Wegverlauf

Auf dem rot-weiß-rot markierten Weg 942 gelangen wir zum Gipfelkreuz des 1261 Meter hohen **Masenberges.** Der nahe gelegene Olmstoll lädt zur Einkehr ein. Im Winter ist hier auch ein kleines Schigebiet. Für den Abstieg wählen wir den Weg 913, der uns steil bergab zum Lüßwaldsattel führt. Von dort wandern wir am Weg 941 durch den Wald bergab und kommen etwas später an der **Dorfhansl-Kapelle** vorbei. Bei einem Einfamilienhaus zweigt der Pfad links ab und führt über eine Wiese abwärts. Auf die Markierung achten! Bei einem Wegkreuz folgen wir der gelben Markierung (Nr. 12) wieder bergauf zum Weg 942, auf dem wir wieder nach **Pöllauberg** gelangen.

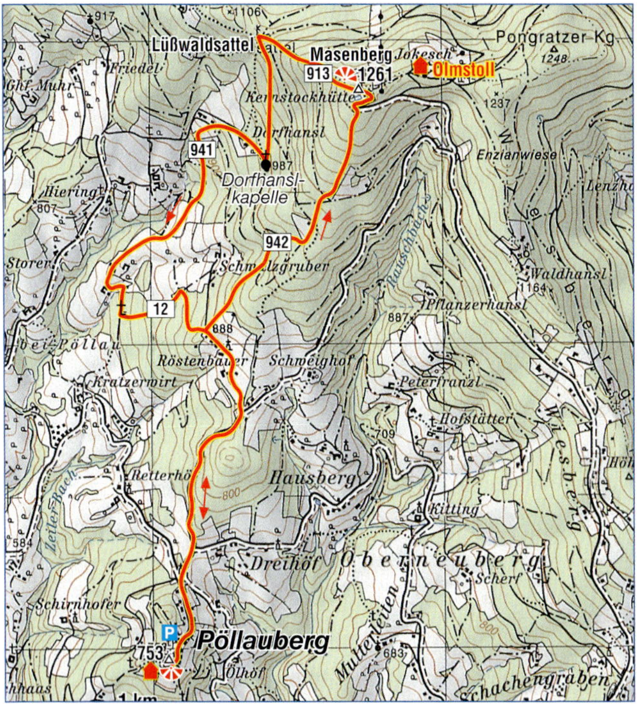

Wellness-Tipp: Holz in der 5-Elemente-Lehre

Holz steht für Wandlung. Auch die grüne Farbe des Frühlings symbolisiert den Neubeginn. Feuchtigkeit (Yin) lässt die Pflanzensamen quellen, Licht und Wärme (Yang) bringen sie zum Keimen und Wachsen. Junge, zarte Gemüse, Sprossen und Keimlinge liefern die Vitalstoffe und die Energie, die unser Körper für diese dynamische Zeit der Veränderungen und des Wachstums benötigt. Wir spüren eine Aufbruchsstimmung und drängen hinaus in die Natur. Die entsprechenden Organe des Frühlings sind die Leber und die Gallenblase. Die Leber verarbeitet nicht nur die Nahrung, sondern auch die Gefühle! Wut und Ungeduld – „die Laus, die uns über die Leber läuft" – sind auf Energiestauungen im Holzelement zurückzuführen. Durch Bewegung im „Grünen" und durch Tanzen können wir uns von emotionaler Enge und Depressionen befreien.

Naturpark Pöllauer Tal

Haidenwald und Schönauklamm

Charakter: Ebene, markierte Wanderwege.
Ausgangspunkt: Parkplatz bei der Freizeitanlage südlich von Pöllau.
Anfahrt: Busverbindung von Hartberg bzw. A2, Abfahrt Hartberg.
Info: Tourismusbüro, geöffnet Mo bis Fr 9.00–12.00, 14.00–17.00 Uhr, Tel. 03335/4210; Verein Naturpark Pöllauer Tal, Tel. 03335/3740, www.naturparke.at, www.naturpark-poellauertal.at.
Einkehr: Gaststätten in Pöllau; in Richtung Birkfeld: Gasthaus Gruber beim Naturkraftpark mit Badesee; in Winzendorf: Gasthaus und Naturerlebnispark „Zur grünen Au".
Variante: Von der Kirche in Pöllau führt der Safen entlang ein zwei Kilometer langer Wanderweg zum Naturkraftpark beim Gasthof Gruber (Badesee). Mehrere Stationen laden zum aktiven Naturerleben ein. Gehzeit hin und zurück 1 Std.

Der Naturpark Pöllauer Tal besteht seit 1983 und bietet Natur, Kultur, geistige und körperliche Erholung in einer vielfältigen Landschaft. Das Pöllauer Tal ist von Bergketten umgeben und öffnet sich nur in Richtung Süden, wo sich nicht weit entfernt das steirische Thermenland erstreckt. Wellness- und Kuraufenthalte lassen sich hier mit Spaziergängen und Wanderungen verbinden, die auf Kraftpfaden zu ergiebigen Energiequellen werden.

Wegverlauf

Vor der **Freizeitanlage** gehen wir die Straße bergauf, an der Schule vorbei, zum Weg 944. Entlang einer Obstplantage führt der Steig auf einer Wiese steil bergab. Nach einem Steg wandern wir ein Stück auf dem „Hirschbirnenweg" durch den **Haidenwald** zur hölzernen Warte, die an eine nordische Kirche oder an einen Glockenturm erinnert. Wir folgen dem auch als „Laufstrecke" bezeichneten Pfad in Richtung Freiberg und münden bei einem Kreuz in den rot-grün markierten Weg 945 ein. Wir wenden uns nun nach rechts und zweigen bei einem

Gestüt wieder nach rechts ab (grüne Markierung und Hinweis beachten: „Maria Fieberbründl durch die Schönauklamm"). Beim Gasthof Mauerhofer folgen wir der Straße aufwärts bis zu einer Kreuzung und gehen zum Gemeindeamt und zur Schule. Hier biegt ein mehrfach markierter Weg nach links in den Wald ein: Gelbe Kreise kennzeichnen den Schaupfad und blaue Kreise die Laufstrecke. Rot-weiß-rot ist die Wegmarkierung, an der wir uns orientieren. Wir überqueren eine Straße und kommen in die **Schönauklamm** mit einer Mühlenruine am linken Ufer des Kroisbaches. Da der mögliche Rückweg 945 großteils auf einer Straße verläuft, empfiehlt es sich, die gleiche Strecke zurückzugehen bis zum Gestüt. Von dort geht es immer am Weg 945 direkt zur **Freizeitanlage.**

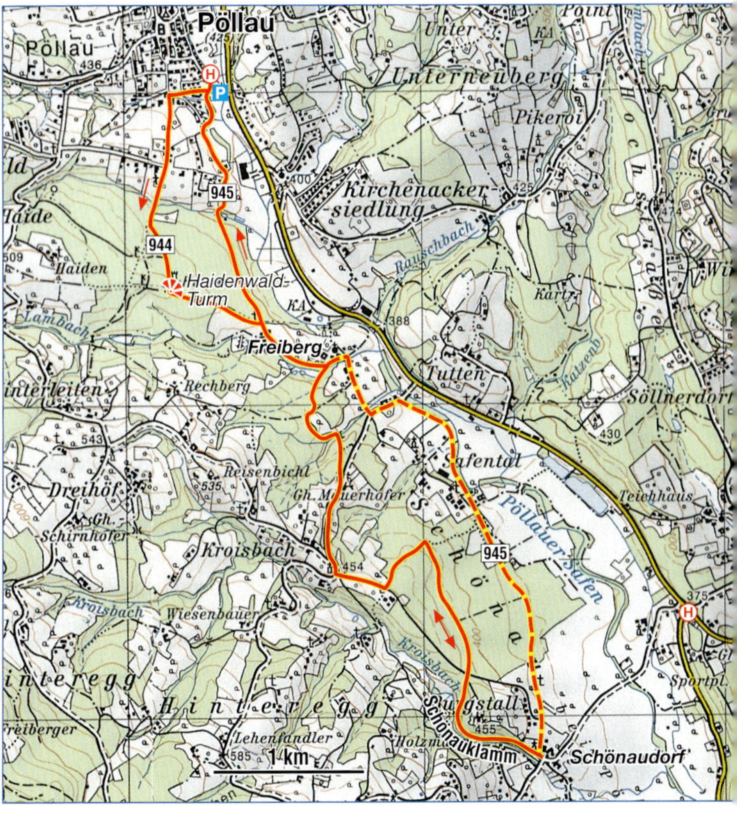

Blühender Birnbaum

Beeindruckende Vielfalt

Äpfel und Birnen aus dem Pöllauer Tal wurden bereits im 19. Jahrhundert als Tafelobst auch bei Hofe in Wien gerne verspeist. 1829 wuchsen in der Region 518 verschiedene Obstsorten! Viele davon blieben bis heute erhalten. Jede Sorte hat ihren eigenen charakteristischen Geschmack, der sich im Frischobst, in Säften, Marmeladen, Edelbränden oder Kletzen (gedörrte Birnen) entfaltet. Eine alte steirische Baumsorte ist die „Hirschbirne", deren Name sich vom Herbst herleitet. Manche Äpfel- und Birnbäume im Pöllauer Tal sind schon 200 Jahre alt.

Wellness-Tipp: Wege ans andere Ufer

So lautet das Thema der 1. Station des Naturkraftparks sowie einer Tafel in der Schönauklamm. Wie überqueren Sie den Bach? Über die Brücke, barfuß durch das Wasser oder mit einem gekonnten Sprung? Wie fühlen Sie sich dabei? Gibt es Parallelen dazu im „wirklichen" Leben? Auch in Alltag und Beruf müssen oft erst Hindernisse überwunden werden, um verlockende Ziele zu erreichen. Umgehen Sie lieber die Schwierigkeiten, die sich in den Weg stellen, oder sehen Sie diesen beherzt ins Auge? Springen Sie mutig ins Abenteuer, oder bevorzugen Sie die bequemere Brücke?

Durch die Lafnitz-Auen

Feuchtbiotop und Aussichtswarte am Wörterberg

Parkplatz Lafnitz-Auen — ½ Std. — Abzweigung Stögersbach, 310 m — 1 Std. — Wörterberg 420 m — 1 Std. — Parkplatz Lafnitz-Auen — 2½ Std.

Charakter: Einfache, markierte Rundwanderung in den Lafnitz-Auen.
Ausgangspunkt: Wolfau im Burgenland, Parkplatz südlich des Ortes bei einer Informationstafel.
Anfahrt: Busverbindung von Oberwart bzw. A2, Abfahrt Lafnitztal/Oberwart.
Einkehr: Gasthäuser in Wolfau.
Info: Ramsar-Informationszentrum im Gemeindeamt Loipersdorf-Kitzladen, Tel. 03359/2540-19, www.ramsar.at, www.lafnitztal.at,
Kultur unterwegs: Durch das Lafnitztal verlief die Grenze der römischen Provinzen Noricum und Pannonien entlang einer Nord-Süd-Straßenverbindung. Eine römische Hügelgrabanlage mit Brandbestattung aus dem 2. Jahrhundert n. Chr. wurde rekonstruiert und kann auf dem Autobahnparkplatz Hartberg in Fahrtrichtung Graz besichtigt werden.

Wir wandern entlang einer besonders schönen, von der Dynamik des Wassers gebildeten Fließstrecke der Lafnitz durch einen Auwald und über Feuchtwiesen. Von der Wörterberg-Warte erstreckt sich die Aussicht weit in das steirische Bergland.

Wegverlauf

Vom **Parkplatz** folgen wir dem grün markierten Weg geradeaus über die Wiese zur mäandrierenden Lafnitz. Wir überqueren den Grörsteg und wandern über offenes Wiesengelände entlang der an weißen Metallpflöcken angebrachten Markierung. Bei der Rastbank unter zwei markanten Eichen zweigt der gelb markierte Pfad nach rechts ab. Eine Brücke bringt uns über den Stögersbach. Auf der Schotterstraße wenden wir uns nach rechts. Nach Verlassen des Waldes erblicken wir die Warte und gehen am Waldrand links, dann querfeldein über eine Wiese, an einem verfallenen Ansitz vorbei, bis zur nächsten Schotterstraße. Hier führt nun ein Ziehweg durch einen Fichtenwald bergauf zur Anhöhe mit der Warte. Abwärts

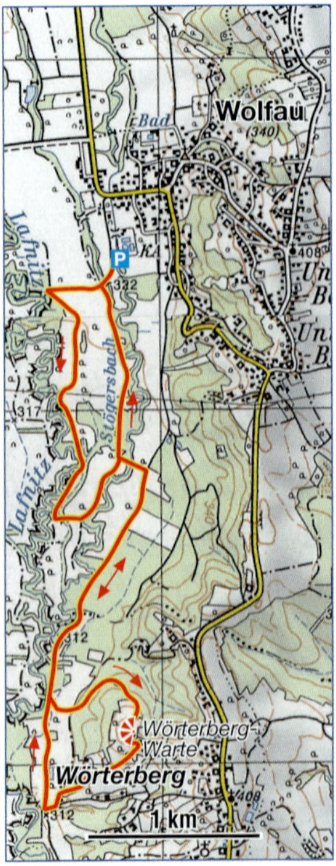

wandern wir auf dem blau markierten Weg bis zur gelb gekennzeichneten Schotterstraße, die uns dann zum Parkplatz zurückbringt.

Persische Namen

Das obere und mittlere Lafnitztal wurde zum international anerkannten Ramsar-Schutzgebiet erklärt, das nach der iranischen Stadt benannt ist, in der 1971 das „Übereinkommen zum Schutz von ökologisch wertvollen Feuchtgebieten, insbesondere als Lebensraum für Wasser- und Watvögel" unterzeichnet wurde. Österreich trat dieser Konvention 1983 bei. Ihr Ziel ist mittlerweile der generelle Schutz von Feuchtbiotopen.

Die Lafnitz bildete eine der ältesten Grenzen Europas. Vom 11. Jahrhundert bis 1921 verlief entlang des Baches die Grenze zwischen Ungarn und Österreich. Zum Schutz gegen Überfälle aus dem Osten, z. B. durch die Kuruzzen in den Jahren 1704–1708, wurden Wachtürme auf Pfählen, sogenannte

Wellness-Tipp: Die Vielfalt hören

Setzen Sie sich am Ufer der Lafnitz hin und lauschen Sie den glucksenden Lauten des Wassers. Hören Sie einfach nur zu. Schließen Sie die Augen und lauschen Sie den Geschichten, die der Bach erzählt. Woher kommt er? Wohin fließt er? Welche Vögel singen an seinem Ufer? Hören Sie das muntere Gezwitscher und das Summen vorbeifliegender Insekten. Beim Durchwandern des Fichtenwaldes hinauf zum Wörterberg können Sie sich ebenfalls auf die Geräusche konzentrieren. Bemerken Sie die Unterschiede zu jenen in der Au?

Tschartaken, errichtet. Das persische Wort bedeutet „vier Baumstämme". In ruhigeren Zeiten standen die ungarische und österreichische Bevölkerung jedoch in enger Verbindung. Zu den Ortschaften Wörth, Neudau und Burgau auf der steirischen Seite entstanden jenseits der Lafnitz im 15. Jahrhundert die Bergsiedlungen Wörterberg, Neudauberg und Burgauberg im heutigen Burgenland. Bis in das 18. Jahrhundert wurde auf den sonnigen Berghängen Wein angebaut.

Grörsteg

Bad Waltersdorf und der Neudauer Wald

Die Flora und Fauna des Waldes erleben

Heiltherme – ¼ Std. – Wagerberg – 1¼ Std. – Fuchsschweifteich – 1½ Std. – Waldschenke – ½ Std. – Heiltherme: 3½ Std.

Charakter: Eben, meist Forststraßen. Im Neudauer Wald ist guter Orientierungssinn erforderlich.
Ausgangspunkt: Bad Waltersdorf, Heiltherme.
Anfahrt: Bahnverbindung; über die A2, Abfahrt Sebersdorf/Bad Waltersdorf.
Info: Informationsbüro Bad Waltersdorf, Tel. 03333/3150-0, www.badwaltersdorf.com.
Einkehr: Waldschenke – Anglerparadies Fam. Harmtod (Mo Ruhetag, Sa, So und Feiertag ab 12.00 Uhr, Di bis Fr ab 16.00 Uhr geöffnet); Buschenschänken und Gasthöfe am Wagerberg und in Bad Waltersdorf.
Tipp: Das *Bernerhaus* wurde von Graf Kottulinsky im 19. Jahrhundert als Weingartenhaus im Stil eines chinesischen Pavillons errichtet. Die um das Gebäude führende Veranda im ersten Stock dient als Aussichtswarte. Im Erdgeschoss befindet sich eine Gaststätte, die derzeit aufgrund eines Pächterwechsels geschlossen ist. Vom Ortszentrum Bad Waltersdorf ist das Bernerhaus auf dem Weitwanderweg 07 in einer knappen Stunde erreichbar.

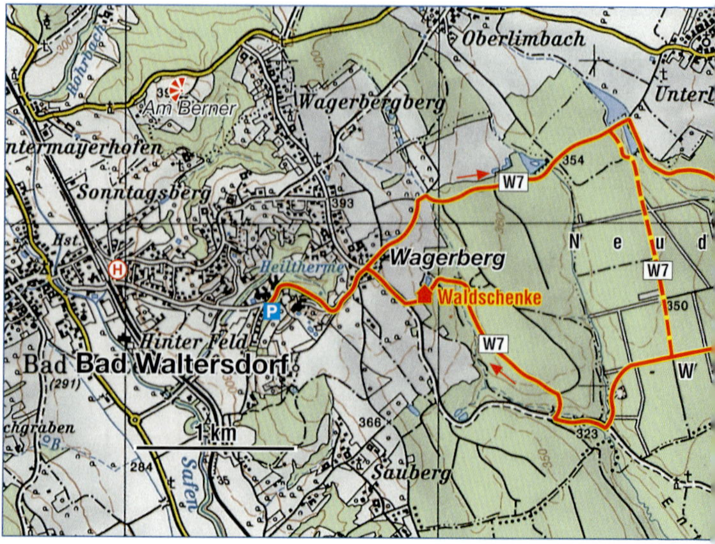

Der nach Walther von der Traisen benannte Ort befindet sich im Safental. 1981 wurde hier die erste geothermische Fernwärmeversorgungsanlage in Österreich errichtet. Die moderne Heiltherme liegt in einem Talkessel und ist von einer idyllischen Hügellandschaft umgeben.
Das ganzheitliche Wellness-Angebot beinhaltet auch eine „Fußfühl"-Strecke und einen Yin & Yang-Energiepfad. Die Umgebung bietet zahlreiche gut beschilderte Wanderwege und Laufstrecken. Unsere Route führt durch ein Wildschutzgebiet im Neudauer Wald zu Fischteichen, die sich in privatem Besitz befinden. Nehmen Sie bitte auf die hier lebenden Tiere Rücksicht, indem Sie die Wege nicht verlassen, nicht lärmen und den Wald während der Dämmerung nicht betreten.

Wegverlauf

Von der **Heiltherme** gehen wir die Straße aufwärts zur Kreuzung im Ortsteil **Wagerberg** und folgen dem Weg W6 und W7 in Richtung Unterlimbach. Vor dem Limbacher Teich zweigt die kürzere Route W7 ab. Wir wenden uns aber erst nach dem Teich nach rechts und gehen auf der Forststraße bei einer Christbaumplantage vorbei in den Wald in Richtung Lafnitztal (Osten). Auf einer größeren Forststraße überqueren wir den Bach, an dessen rechtem Ufer wir zum ehemaligen Lehrpfad beim **Fuchsschweifteich** kommen. Wir gehen weiter zum Großen Neudauteich. Die Forststraße am Südufer führt uns wieder in westliche Richtung. Wir gehen rechts, dann links bis zur Markierung W7, der wir nun folgen. Der Weg führt

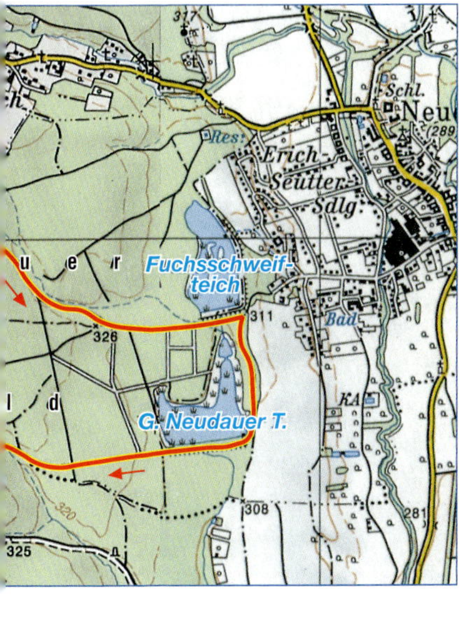

ein kurzes Stück auf der aus Burgau kommenden Straße Richtung Bad Waltersdorf. Nach etwa 10 Minuten biegen wir nach rechts ab (Schranken, Schild „Wildschutzgebiet") und kommen zur idyllisch an einem Teich gelegenen **Waldschenke.** Zurück geht es über den Wagerberg zur **Heiltherme.**

Wellness-Tipp: Erde in der 5-Elemente-Lehre

Das Erd-Element ist dem Zentrum zugeordnet. Aus der Mitte heraus finden alle Verwandlungen statt. Mutter Erde sorgt durch Umwandlung der Stoffe für die Ernährung. Im menschlichen Körper gehören die Verdauungsorgane zum Erdelement. Die zugehörige Jahreszeit ist die Zeit der Reifung im Spätsommer; ihre Farbe die goldgelbe Farbe des Honigs, der Sonnenblumen, der Kürbisse und des Getreides. Pflanzliche Zuckerverbindungen, „Bioflavonoide" (lat. flavus = gelb), lassen Blüten und Früchte wie Marillen und Pfirsiche in leuchtenden Farben erstrahlen. Im Menschen stärken sie die Blutgefäße und das Abwehrsystem und beugen gegen Krebs vor. Gelb steht für klares Denken und für Freude. Sorgen und Grübeln verwandeln sich in Heiterkeit. Auch das Singen ist ein Weg zur eigenen Mitte. Probieren Sie es aus! Wenn Ihnen keine Texte und Melodien einfallen, probieren Sie es einfach mit den Vokalen und achten Sie auf die unterschiedlichen Schwingungen des ganzen Körpers.

Leuchtend gelbe Kürbisse sind charakteristisch für die Oststeiermark.

Harter Teich und Großsteinbach

Vogelschutzgebiet und Schachblume

Teichschenke – ½ Std. – Neusiedl – 1 Std. – Auffen – ½ Std. – Teichschenke — 2 Std.

Charakter: Nicht immer gut markiert, im Kapellenwald ist etwas Orientierungssinn erforderlich (wir folgen der orangen Reitwegmarkierung).
Ausgangspunkt: Großhart, Parkplatz beim Harter Teich.
Anfahrt: über die A2, Abfahrt Sebersdorf/Bad Waltersdorf; Busverbindung nur nach Großsteinbach.

Einkehr: Teichschenke der Fam. Wurzer (Do bis Sa ab 14.00 Uhr, So und Feiertag ab 10.00 Uhr geöffnet); Buschenschank Fam. Fleck-Heuer; Backhendlstation Gasthof Schneider (Di Ruhetag); Straußenpark – Wirtshaus Lindenhof (Mi Ruhetag).
Info: Informationsbüro Bad Waltersdorf, Tel. 03333/3150-0, www.badwaltersdorf.com.

Rund um den Harter Teich gibt es zahlreiche Freizeit- und Gesundheitsangebote: ein Vogelschutzgebiet, eine Straußenfarm, einen Naturlehrpfad, einen Atem-Aktiv-Rhythmus-Weg, bei dem die Zahlenmystik eine Rolle spielt, eine Kneippanlage, einen großen Kinderspielplatz, Pfahlbau-Hütten und ein umfangreiches Wanderwegenetz.

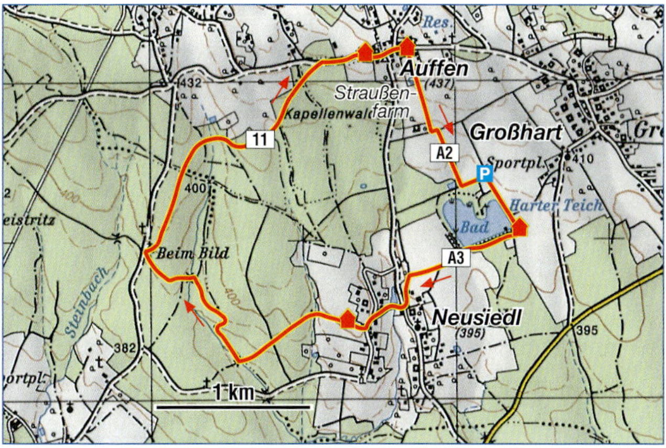

Vogelschutzgebiet Harter Teich

Wegverlauf

Wir gehen entlang des Teiches in Richtung Süden (Markierung A2) an der **Teichschenke** vorbei und auf dem Waldlehrpfad zum Feldweg nach **Neusiedl.** Auf der als „Privatweg“ ausgeschilderten Straße erreichen wir eine Kreuzung. Die Route A3 führt uns geradeaus zu einem Teich mit einem „gestrandeten“ Schiff, auf dem sich eine Kneippanlage befindet. Nach einer Obstplantage biegen wir nach rechts in den Feldweg ab und gelangen in den Wald (orange Reitwegmarkierung an den Bäumen). In nordwestlicher Richtung überqueren

Wellness-Tipp: Der Atem – Rhythmus des Lebens

Der Seelenzustand und die Atmung hängen eng zusammen; unseren Gefühlen entsprechend, verändert sich die Atmung. Ihr Rhythmus ist bei Freude anders als bei Angst, bei Erregung anders als in Ruhe. Beim Wandern können Sie Atmung und Gehen vereinen, indem Sie die Schritte zählen. Verlangsamen Sie Ihre Schritte und atmen Sie normal. Achten Sie darauf, wie viele Schritte Sie beim Ein- und beim Ausatmen machen. Richten Sie für einige Minuten Ihre ganze Aufmerksamkeit darauf. Beim Gehen trägt die Bewegung den Atemstrom vom innersten Körperzentrum nach außen bis in Ihre Fingerspitzen und in die Zehen.

wir ein mäandrierendes Bächlein und kommen auf einer breiteren Forststraße zum Wegkreuz „Beim Bild". Der rot-weiß markierte Pfad 11 durch den Kapellenwald ist bei einer Wildfütterungsstelle etwas verwirrend. Achtung: Nicht über die Wiese weitergehen, sondern im Wald bleiben und hier genau auf Markierung und Wegverlauf achten! Auf der Straße erreichen wir **Auffen,** wo sich bei der Kirche eine „Organuhr" befindet und der Atem-Aktiv-Rhythmus-Weg beginnt. Über Feldwege kommen wir an einer Straußenfarm vorbei und zurück zum Harter Teich.

Eine botanische Rarität

Eine Auwiese nahe der Feistritz in Großsteinbach ist streng geschützt. Hier wächst die seltene **Schachblume** *(Fritillaria meleagris)*, ein Relikt der Eiszeit. Diese Lilienart kommt in Europa auf Standorten mit genügend Bodenfeuchtigkeit und entsprechender Bewirtschaftung vor. In Österreich wächst die Schachblume nur in der Nähe von Güssing (Tour 23) und in der Oststeiermark in Großsteinbach, wo wissenschaftliche Untersuchungen hinsichtlich ihrer ökologischen Ansprüche und ihrer Verbreitung durchgeführt werden. Die glockenförmigen Blüten sind individuell verschieden, schachbrettartig gemustert. Um Ostern verwandeln sich die Wiesen für kurze Zeit in ein purpur-violettes Blütenmeer. Die Blätter sind grasförmig schmal. Schwach geflügelte Samen mit Lufträumen ermöglichen eine Verbreitung der Art im Wasser. Die kugeligen Zwiebeln überdauern im Boden.

Eine Viertelstunde Gehzeit von der Schachblumen-Wiese entfernt, bietet das Restaurant bei der Freizeitanlage neben anderen kulinarischen Genüssen das obergärige „Schachblumen-Bier" an.

Schachblume (Fritillaria meleagris)

Zur Tausendjährigen Eiche von Bad Blumau

Architektur und Landschaft in Harmonie

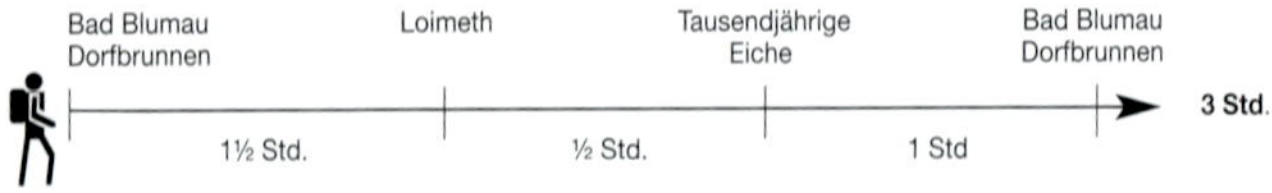

Charakter: Einfach, gut beschildert, meist auf Waldwegen.
Ausgangspunkt: Bad Blumau, Dorfbrunnen.
Anfahrt: Bahnverbindung bzw. A2, Abfahrt Bad Waltersdorf.
Einkehr: Dorfwirt in Bad Blumau (Mo Ruhetag); Dorfgasthaus in Bierbaum an der Safen.
Kultur unterwegs: *Dorfmuseum für Naturheilkunde* „Heilwurz & Zauberkraut", im Obergeschoss des Dorfwirtes, Führungen Sa und Do um 16.00 Uhr und 17.00 Uhr oder gegen Voranmeldung im Tourismusbüro.
Info: Tourismusbüro, Tel. 03383/2377, www.bad-blumau.com. In dem Informationsgebäude beim Dorfbrunnen liegen Wanderkarten und Folder zur freien Entnahme auf. Rogner-Bad Blumau, Tel. 03383/5100-0; www.blumau.com.

In Bad Blumau erlebt der Besucher echte steirische Dorfkultur ohne Hektik. Der Ort liegt in einer sanften Hügellandschaft eingebettet und fügt sich wie die von Friedensreich Hundertwasser gestalteten Thermen- und Hotelgebäude harmonisch in die umgebende Natur ein. Unser Weg führt an einer beeindruckenden uralten Eiche vorbei. Der Baum hat einen stattlichen Umfang von fast neun Metern und bietet Lebensraum für zahlreiche Tiere, z. B. für ein Hornissenvolk.

Wegverlauf

Wir folgen dem Thermenrundweg 1 (blau markiert), der an der Kirche vorbei und oberhalb des Rogner-Bades durch den Wald führt. Der Verbindungspfad zum Weg 5 (orange) ist gut beschildert. Wir verlassen den Weg 5 in der ersten Linkskurve, halten uns scharf rechts und gehen zunächst entlang eines Maisfeldes, dann durch einen Wald auf einem unmarkierten Steig leicht bergab in Richtung Norden, bis wir in die durch gelbe Tafeln gekennzeichnete Laufstrecke einmünden, der wir nach links folgen. Nach Überquerung einer Brücke

Hundertwassertherme Bad Blumau

kommen wir an zwei Teichen vorbei wieder zum Weg 5. Dann halten wir uns an den Burgenland-Weitwanderweg 07, der uns durch den Ort **Loimeth** – hier kurz rechts, dann links an

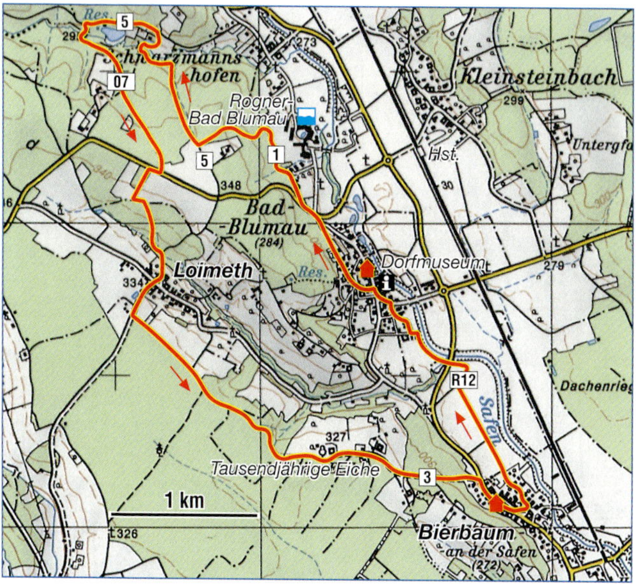

einem Feuchtbiotop vorbei – und zur **Tausendjährigen Eiche** bringt. Weiter auf Weg 3 (grün) erreichen wir den Ort Bierbaum an der Safen, von wo die Rad- und Skaterstrecke R12 im Safental zurück nach **Bad Blumau** führt.

Vulkanische Vergangenheit

Vulkania, die stärkste Heilquelle im Vulkanland, kommt aus einer Tiefe von fast 3000 Metern. Sie entstand vor mehr als hunderttausend Jahren, als die Vulkankegel dieser Region aus einem Meer herausragten. Dieses Binnenurmeer wurde durch tektonische Verschiebungen und Überlagerungen hermetisch abgeschlossen und erst in jüngster Zeit durch Tiefenbohrungen entdeckt. Das mineralienreiche Vulkania-Wasser enthält auch natürliche Kohlensäure und wirkt sowohl bei äußeren Anwendungen als auch als Trinkkur und durch Inhalation gegen viele Krankheiten: Es fördert die Durchblutung und Verdauung, stärkt den Stoffwechsel und den Bewegungsapparat und hilft bei Lungen- und Nebenhöhlenleiden. Die Energie der Vulkania-Heilquelle wird ebenso zur Heizung und für die Gewinnung von Warmwasser verwendet und erzeugt auch umweltfreundlichen „Biostrom“.

Wellness-Tipp: Die Wahrnehmung verfeinern

Da gerade Linien und Flächen in der Natur nicht vorkommen, wurden sie von Friedensreich Hundertwasser in seinen Werken möglichst vermieden. Der Künstler war der Meinung, dass die Unebenheiten des Bodens die Wahrnehmung sensibilisieren. Auf unserer Wanderroute gibt es viele Möglichkeiten, die Verschiedenheiten des Bodens zu spüren. Machen Sie sich den Unterschied zwischen den verschiedenen Arten des Untergrunds klar: Kies, Wurzeln, weiches Moos und Nadelstreu, Zapfen, Wiese, Asphalt. Durch ganz langsames Auftreten können Sie die Vielfalt des Bodens erfahren. Wenn Sie nicht alleine unterwegs sind, bewährt sich die Vertrauensübung, das „Führen eines Blinden“: Eine Person schließt die Augen oder verbindet sie mit einem Tuch und lässt sich von der zweiten Person führen. Nach einer Zeit wechseln Sie sich ab. Es ist faszinierend, wie sich die Wahrnehmung der Bodenbeschaffenheit ändert, wenn unser Hauptsinn, das Sehen, ausgeblendet wird. Sie spüren die feinsten Unterschiede, über die Sie normalerweise blind „hinweggehen“.

An der Therme Loipersdorf

Das oststeirische Hügelland genießen

Therme Loipersdorf – 1 Std. – Dornegg – ¾ Std. – Lautenberg – ¼ Std. – Therme Loipersdorf — 2 Std.

Charakter: Einfacher Spaziergang.
Ausgangspunkt: Loipersdorf bei Fürstenfeld, Eingang Thermenzentrum.
Anfahrt: Busverbindung von Fürstenfeld bzw. A2, Abfahrt Ilz, dann über die B65 nach Fürstenfeld.
Einkehr: Wagners Thermenheuriger (täglich ab 16.00 Uhr); Rieglers Buschenschank (Di bis Sa 17.00–23.00 Uhr).
Info: Tel. 03382/8204-0, info@therme.at, www.therme.at.

Die größte Therme Europas bietet ein abwechslungsreiches Erholungsangebot nicht nur im Wasser, sondern auch „an Land". Zahlreiche Wander-, Nordic Walking- und Joggingstrecken führen durch sauerstoffreiche Wälder. Auf einem *Krafthügel* strahlen Granitblöcke aus dem Waldviertel nach megalithischen Vorbildern ihre Energie ab. Hier wurde auch ein radiästhetischer Lehrpfad errichtet. Radioästhesie bezeichnet die Fähigkeit, mithilfe von Wünschelruten oder durch Pendeln Erdstrahlen wahrzunehmen.

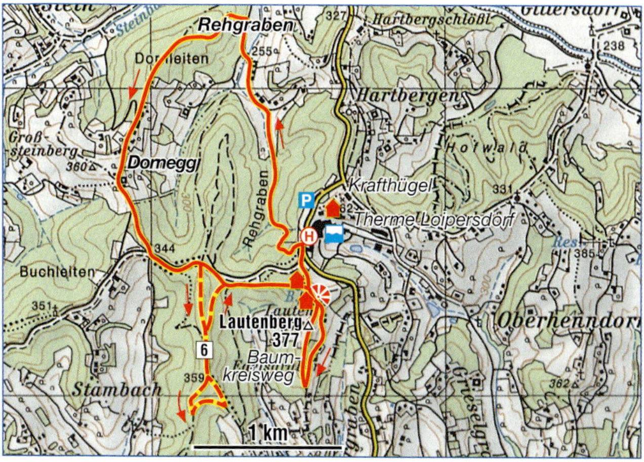

„Dolmen" am Krafthügel

Wegverlauf

Beim Eingang zum Thermenzentrum befindet sich ein großer Parkplatz und eine Bushaltestelle. Hier beginnen einige beschilderte Wanderrouten. Wir gehen auf dem blau markierten Weg 4 bergab durch einen Mischwald und kommen im Rehgraben bei einigen Häusern vorbei. Nach einem kurzen Straßenstück zweigt der Weg 5 (orange) nach links bergauf in den Wald ab. Wir erreichen über einen Höhenrücken wieder einen Wald. Wer länger gehen möchte, kann zusätzlich eine Runde auf dem „Leberkegelweg" (Weg 6) machen, der auch als Laufstrecke dient. Der grün markierte Pfad 7 führt uns zur

Wellness-Tipp: Sonnenenergie aufnehmen

Stellen Sie sich auf einem offenen Platz unterwegs oder auf dem Krafthügel beim Thermenzentrum hin. Die Beine sind im schulterbreiten Abstand. Heben Sie die Hände vor dem Körper etwas über den Kopf. Die Ellbogen sind angewinkelt, die Handflächen zeigen nach vorne und leicht nach oben, in Richtung Himmel und Sonne. Schließen Sie die Augen und spüren Sie, wie die Wärme durch die Handflächen in den Körper strömt. Alle Lebewesen auf unserer Erde nutzen direkt oder indirekt die Sonnenenergie.

„schönsten Aussicht" auf die Therme. Hier zweigt die empfehlenswerte Runde am „Keltischen Baumkreis-Weg" über den **Lautenberg** ab. Zwei Buschenschänken sorgen dort für das leibliche Wohl. Sie sind aber erst am späten Nachmittag geöffnet.

Kultur unterwegs

Die *Riegersburg* thront seit mehr als 850 Jahren stolz auf einem 482 Meter hohen Vulkanfelsen. Prunkräume, Hexenmuseum und die Ausstellung „Sagenhafte Riegersburg und legendäre Frauen" sind von April bis Oktober geöffnet, Info: Tel. 03153/8670, www.riegersburg.com.; *Greifvogelwarte* mit Falken, Steinadlern, Milanen und Andenkondoren, Tel. 03153/7390, www.greifvogelflugschau.at. *Weinduftikum* beim Burgaufgang. Das Museum zum Sehen, Riechen und Angreifen beantwortet auf sinnliche Weise alle Fragen rund um den Wein. April bis Oktober (Di bis So 13.00–17.00 Uhr). Geführte Wanderungen durch die Riegersburg, auch bei Vollmond: Herr Günther Maierhofer, Tel. 0676/6412074, www.die-burgruft.at. „Schnuppern" am Hochseilgarten jeden Freitag und Samstag, Dauer 1½ Std. Info: Herr Walter Ackerl, Tel. 0664/9378071, www.highropes.at. In der Nähe befindet sich auch ein Bienenlehrgarten.

Riegersburg

Im Moor von Rohr

Frösche und Moorochsen am Zickenbach

Rohr im Burgenland Kirche – ½ Std. – Aussichtspunkt – ½ Std. – Rohr im Burgenland Kirche – 1 Std.

Charakter: Erlebnis- und lehrreich auch für Kinder.
Ausgangspunkt: Rohr im Burgenland, Kirche.
Anfahrt: Busverbindung mit Oberwart, Stegersbach und Güssing; es gibt einen Zubringerbus von der Therme Stegersbach; über die A2, Abfahrt Lafnitztal/Oberwart, dann B57 nach Stegersbach.
Einkehr: Die Gasthäuser Peischl und Thomas Supper bieten u. a. Spezialitäten vom Moorochsen an.
Info: Gemeinde Rohr, Tel. 03326/52388, Herr Peter Kühne (geführte Wanderungen für Gruppen), Tel. 0676/9535552, www.moor.co.at, www.moorochse.at; Tourismusverband Stegersbach, Tel. 03326/52052, www.stegersbach.at. Astronomische Nachtwanderungen werden durchgeführt, da hier der Sternenhimmel besonders klar ist, weil es nur wenig Streulicht gibt. Bei bewölktem Himmel finden stimmungsvolle Fackelwanderungen statt.

Das „Moor in Rohr" befindet sich zehn Kilometer südlich von Stegersbach, wo im Zickenbachtal ein letzter Rest eines Niedermoores erhalten blieb und nun streng geschützt ist. Beim Ausgangspunkt befindet sich ein Kräutergarten und ein Teich mit Informationstafeln über die Tiere des Feuchtgebietes. Der Wegverlauf des 2,6 Kilometer langen Erlebnispfades wird durch grüne Holzfrösche angezeigt.

Grüne Frösche zeigen den Verlauf des Erlebnispfades.

Blumen-„Frosch“

Wegverlauf

Durch ein Weidentor betreten wir das Moor. Auf den Weiden rund um das Naturschutzgebiet leben die anspruchslosen Moorochsen das ganze Jahr über im Freien. Es handelt sich dabei um Rinder der kanadischen Rasse Galloway oder um Kreuzungen mit ihr. Sie nehmen nur langsam zu und setzen kein überschüssiges Fett an. Entlang des Zickenbaches erzählen Schilder bildhaft die Entstehungsgeschichte des Niedermoores seit 12.000 Jahren. Wir erfahren, dass es sich um ein Auenüberflutungsgebiet mit einem hohen Grundwasserspiegel handelt. Abgestorbene Pflanzenteile verwesten aufgrund von Sauerstoffmangel nicht vollständig und bildeten seit der letzten Eiszeit dicke Torfschichten, zwischen denen sich bei Überflutungen Schluff- und Tonlagen absetzten. Eine Rätselrallye durch den Auwald und ein Barfußpfad bei einem Rastplatz geben weitere abwechslungsreiche Einblicke in die Landschaft. Von einer Rastbank auf einem Hügel überblickt man das Kernstück der Au, das als Naturschutzgebiet nicht betreten werden darf. Unser Weg führt über eine Wiese zurück zum Zickenbach und zum Ausgangspunkt.

Die Therme in Stegersbach

Die *Therme Stegersbach* wurde unter dem Motto „Wasser ist Leben“ vom Künstler Alfred Kumpf in den Farben Blau und Weiß gestaltet. Der Schwerpunkt der Therapie liegt bei Hautproblemen, bei Erkrankungen des Bewegungsapparates und bei der Behandlung von Winterdepressionen sowie Erschöpfung und Burn-out-Syndrom. Die Landschaft rund um die Therme ist durch großzügig angelegte Golfanlagen geprägt.

Architektonisch ist die in den 60er Jahren erbaute *Heilig-Geist-Pfarrkirche* in Stegersbach sehr interessant. Der Innenraum stellt eine „Spirale zu Gott“ dar, eine Treppe führt symbolisch zum Himmel hinauf.

Wellness-Tipp: Im Spüren die Lebensenergie pflegen

In der Chinesischen Energielehre ist die Form des Wassers unregelmäßig, wellenförmig, wie ein dahingleitender Fluss. Die Nieren enthalten die ursprüngliche, von den Eltern vererbte Lebensenergie. Sie wird dann aktiviert, wenn wir von außen dem Körper zu wenig Energie in Form von Nahrung, Bewegung, Sonnenschein, Schlaf und gesunder Lebensweise zuführen. Wasserbetonte Menschen sind anpassungsfähig, beharrlich und stark. Wasser ist aber auch das Element des Fühlens und Spürens.

Die Rastplätze in der Au und auf dem Hügel eignen sich sehr gut für die folgende Sinnesübung: Schließen Sie die Augen und achten Sie auf die Geräusche. Nach etwa zehn Minuten öffnen Sie die Augen und halten Sie sich die Ohren mit beiden Händen zu. Ebenfalls ungefähr zehn Minuten lang. Verspüren Sie die unterschiedliche Wahrnehmung derselben Landschaft durch die verschiedenen Sinne.

Wasser als Lebenselixier

Naturpark in der Weinidylle

Entlang der Strem nach Güssing

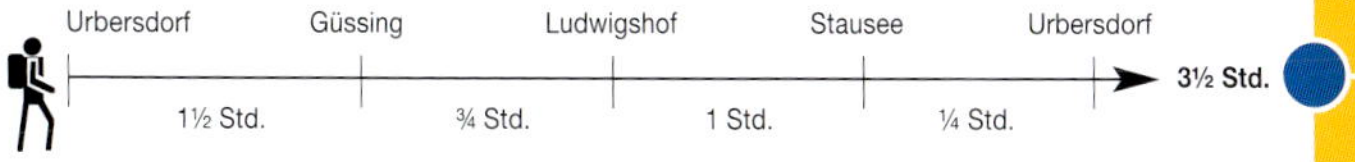

Charakter: Einfache Wanderung, ebenes Gelände.
Ausgangspunkt: Urbersdorf, bei Anreise mit dem Bus empfiehlt es sich, den Rundweg in Güssing zu beginnen.
Anfahrt: Busverbindung nach Güssing, über die A2, Abfahrt Lafnitztal/Oberwart, dann auf der B 57.
Einkehr: Landgasthof Kedl in Urbersdorf (Di Ruhetag).
Info: Naturpark in der Weinidylle, Tel. 03324/6318, www.naturpark.at, www.weinidylle.at; Weinmuseum Moschendorf, Tel. 03324/6317.
Tipp: Die meist strohgedeckten Kellerstöckl (so werden hier die Weinkeller genannt) von Heiligenbrunn laden zur Verkostung des reschen Uhudlers ein, der als Direktträger ohne Aufpfropfung auf reblausresistente Unterlagen gezüchtet wird.

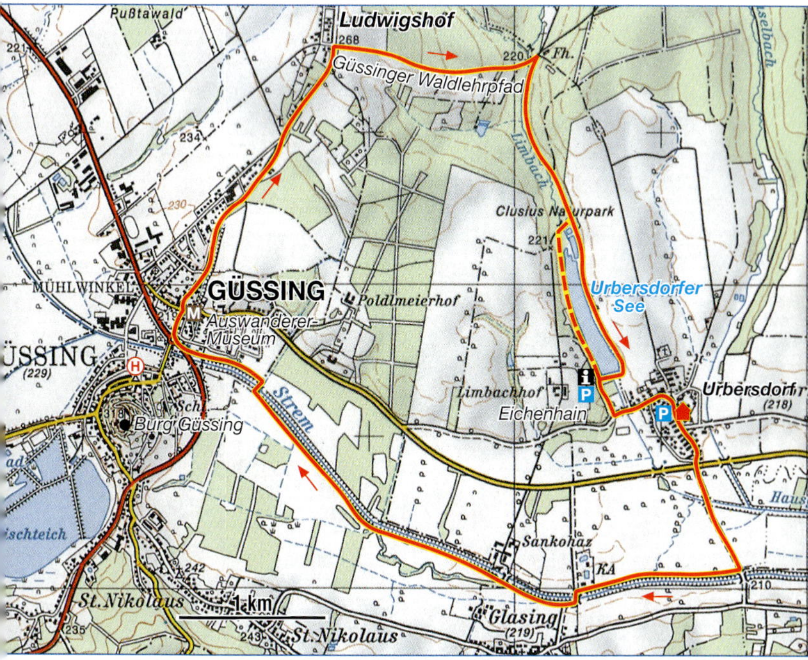

Der Naturpark in der Weinidylle erstreckt sich vom Geschriebenstein im Norden bis nach Heiligenbrunn im Süden. Typische Weinsorten auf den Urgesteinsböden sind der Blaufränkische und der Welschriesling. Wir wandern durch die Stremauen, in denen durch Streunutzung Pfeifengraswiesen entstanden. Die auf einem Vulkankegel errichtete Burg Güssing weist uns die Richtung. Am Urbersdorfer Stausee befinden sich ein Naturlehrpfad, ein Wildpark, ein Eichenhain mit über 200 Jahre alten Bäumen und ein Abenteuerspielplatz.

Wegverlauf

Wir überqueren die Bundesstraße und den Hausgraben genannten Bach. Wir kommen an die Strem und folgen ihr stets nach Westen, bis wir **Güssing** erreichen. Vor der Straßenunterführung wenden wir uns nach rechts und halten uns beim Kreisverkehr an die rot-gelbe Markierung des Burgenland-Weitwanderweges 07A, der in der Rechtskurve (Auswanderermuseum) geradeaus in die Punitzer Straße weiterführt. Beim ***Ludwigshof*** biegt der gelb markierte Clusiusweg nach rechts ab. Links von uns befindet sich ein militärisches Sperrgebiet, rechts sind Äcker und später der Erste Private Güssinger Waldlehrpfad. Die Familie Bartl pflanzte ihren eigenen kleinen Mischwald inmitten des Nadelbaumforstes.
Vor einem weiß gestrichenen Ziegelbau zeigt die Hinweistafel „Clusiusweg" unseren Weiterweg nach rechts zum **Urbersdorfer See** an.

Kultur unterwegs

Auswanderer- und Josef-Reichl-Museum: dokumentiert die Auswanderungsbewegung nach Amerika. Josef Reichl lebte von 1869 bis 1924 als Hutmacher in Wien. Er zeigte in seiner Mundartdichtung die Lebensumstände auf, die die Menschen zur Auswanderung bewegten. „Heanzerisch" ist der Dialekt des pannonischen Raumes, der Teile des Burgenlandes und Westungarns umfasst. Info: Tel. 03322/42598.
Burg Güssing: errichtet um 1150, gelangte 1524 in den Besitz der Familie Batthyány. Burgspiele im Juni und Juli, geöffnet von Ostermontag bis 31. Oktober, Info: Büro Burg Güssing, Tel. 03322/43400, www.burgguessing.info.

Heiligenbrunner Kellerviertel

Botanische Informationen

In den Auwäldern und Wiesen von Heiligenbrunn, Hagensdorf und Luising wächst die Schachblume (*Fritillaria meleagris*). Alpine und pannonische Pflanzenarten gedeihen hier am gleichen Standort, z. B. Frühlingsknotenblume (*Leucojum vernum*) und Schneeglöckchen (*Galanthus nivalis*), Gelbes und Weißes Buschwindröschen (*Anemone ranunculoides* und *A. nemorosa*). Die nur in den Güssinger Fischteichen wachsende Wassernuss (*Trapa natans*) wurde vom flämischen Botaniker Carolus Clusius (1526–1609) beschrieben, der mehrmals in der Burg Güssing zu Gast war und hier die pannonische Flora erforschte.

Wellness-Tipp: Sich im Raum bewegen

Bei der Wanderung auf den Stremwiesen spüren wir das Gefühl der Weite: öffnen und schließen, sich ausdehnen und sich zusammenziehen, in die Höhe und in die Tiefe, eng und weit. Wie viel Spielraum haben Sie in der Reichweite Ihres Körpers? Erweitern Sie den Radius, indem Sie die Arme ausstrecken: seitlich, nach rückwärts und vorwärts. Drehen Sie sich im Kreis. Gehen Sie in die Knie. Springen Sie in die Höhe. Beim Gehen erweitern Sie Ihren persönlichen Raum!

Auf den Gleichenberger Kogel

Die „zwei gleichen Berge"

Bad Gleichenberg Therme – 1½ Std. ↗ 330 Hm – Gleichenberger Kogel, 598 m – ½ Std. ↘ 130 Hm – Mühlsteinbruch 470 m – ½ Std. ↘ 200 Hm – Bad Gleichenberg Therme

2½ Std.
330 Hm

Charakter: Leichte Wanderung.
Ausgangspunkt: Bad Gleichenberg, Kurpark beim Thermeneingang.
Anfahrt: Bahn- und Busverbindung mit Feldbach; über die A2 und die B66 oder B68.
Einkehr: Gasthäuser in Bad Gleichenberg.
Info: Tourismusbüro, Tel. 03159/2203, info@bad-gleichenberg.at, www.bad-gleichenberg.at; www.kurtherme.at. Geführte Wanderungen jeden Mi um 13.30 Uhr, Treffpunkt beim Tourismusbüro.
Tipp: Spaziergang vom Kurzentrum auf die Albrechtshöhe zur Parapluie-Warte, Gehzeit 30 Minuten.

Blüte des Tulpenbaumes (Liriodendron tulpifera)

Bereits die Römer nutzten das heilende Wasser der Gleichenberger Quellen. Hier wurde im 19. Jahrhundert das erste Kurbad der Thermenregion eröffnet. Die beiden Vulkankegel, der Gleichenberger Kogel und der Bschaidkogel, gaben als die weithin sichtbaren, zwei „gleichen Berge" der Stadt ihren Namen. Das südländische Flair des Ortes beruht auf dem durch die hufeisenförmige Bergumrandung begünstigten Klima. Im Kurpark gedeihen exotische Bäume, wie der aus Nordamerika stammende Tulpenbaum (*Liriodendron tulpifera*).

Wegverlauf

Von der **Therme** gehen wir an der Hotelfachschule und der evangelischen Kirche vorbei zum Styrassic-Park-Wanderweg. Die Erzherzog-Johann-Promenade führt durch eine Kastanienallee. Nach der Hubertuskapelle wandern wir auf dem

Weg 1 (Waldlehrpfad) in großzügig angelegten Serpentinen bergauf. Beim Taubenbründl sprudelt Quellwasser aus dem Boden. Unmittelbar an der Unterstandshütte der Berg- und Naturwacht zweigt der Weg 12 nach rechts zum Gipfelplateau ab. Von der einstigen Warte sind nur noch Mauerreste erhalten. Für den Abstieg gehen wir auf dem Kamm in Richtung Norden (verblasste blau-weiße Markierung) und erreichen auf einem kleinen Pfad wieder die Unterstandshütte. Der Weg 1 bringt uns zum Sattel zwischen den zwei Kogeln und der Weg 13 zum ehemaligen **Mühlsteinbruch.** Auf dem Felsen mit Muscheln und anderen Meeresablagerungen wurde ein Bergkreuz errichtet. Die Enzianwarte bietet eine schöne Aussicht nach Süden. Der weitere Abstieg erfolgt auf einem Erlebnispfad. Hier können Sie einem Waldxylophon Töne entlocken, im keltischen Baumkreis den ganz persönlichen Lebensbaum finden oder sich gegenseitig am Steinplatz Geschichten erzählen. Am Ende des Enziansteiges gehen wir auf dem Eichgrabenweg zurück zur **Kurtherme.**

Natur und Kultur unterwegs

Die *Rotbuche* (*Fagus sylvatica*) ist charakteristisch für das gemäßigte mitteleuropäische Klima. Im Mai verweht der Wind die gelben Pollen der männlichen Kätzchen. Die knospenförmigen weiblichen Blüten öffnen im Herbst ihre stachel-

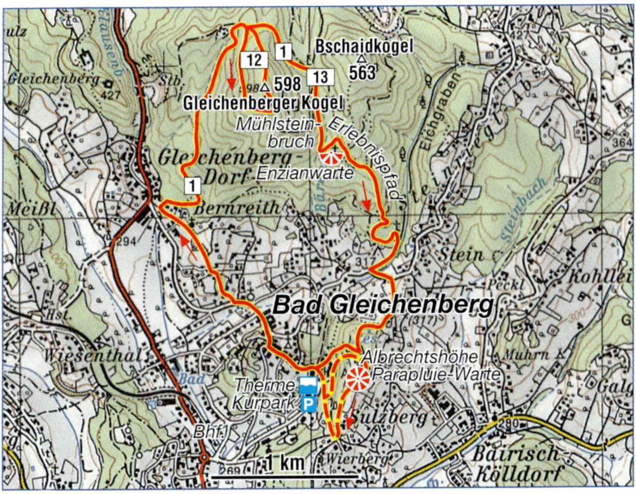

Gleichenberger Kogel und Bschaidkogel

tragenden grünen Schalen und werfen dreikantige braune Nüsse zu Boden, die Bucheckern. Von diesen ölhaltigen Früchten ernähren sich Eichhörnchen, Mäuse, Eichelhäher, Krähen und andere Vögel. Früher wurden Schweine zur Bucheckernmast in den Wald getrieben.

Die Mühlsteine vom Bschaidkogel: Am Bschaidkogel gab es früher einen Mühlsteinbruch. Gesteinsrohlinge wurden Block für Block aus dem Fels herausgebrochen. In der rekonstruierten Enzianhütte befand sich die Schmiede, wo das Werkzeug hergestellt wurde, das zum Schleifen der Mühlsteine diente. Quarzeinschlüsse in dem pannonischen Sandstein weisen auf seine gute Qualität hin. Ein Teil des alten Schleifweges, auf dem die Mühlsteine mit Pferde- oder Ochsengespannen zu den Getreide- und Obstmühlen ins Raabtal gebracht wurden, ist noch heute erkennbar.

Wellness-Tipp: Die Ausgewogenheit finden

Versuchen Sie beim Erlebnispfad über Baumstämme zu balancieren und dabei die Ausgewogenheit zwischen Schwerkraft und Aufrichtekraft zu finden. Durch unsere Lebensweise verlernen wir mit den Jahren, unseren Körper spielerisch auszuprobieren und uns selbst im Gleichgewicht zu halten.

Der Geo-Trail von Kapfenstein

Eine Zeitreise in die vulkanische Vergangenheit

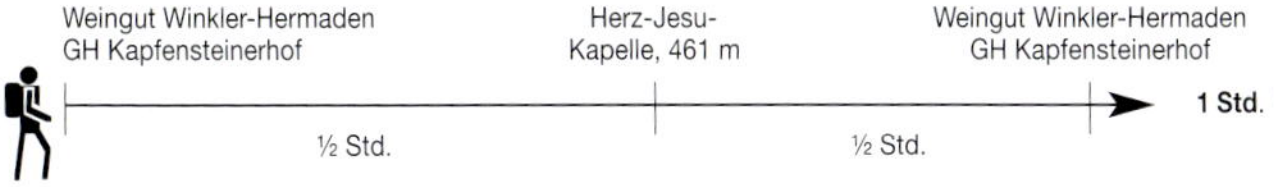

Charakter: Eindrucksvoller Steig durch die Geologie des Vulkanlandes, der stellenweise schmal ist. Trittsicherheit und Schuhe mit gutem Profil sind erforderlich.
Ausgangspunkt: Kapfenstein, Weingut Winkler-Hermaden oder Gasthaus Kapfensteinerhof.
Anfahrt: Busverbindung mit Feldbach; über die A2 und die B66 oder B68.
Einkehr: GH Kapfensteinerhof, Schloss Kapfenstein.

Info: Gemeindeamt Kapfenstein, Tel. 03157/2235, www.kapfenstein.com.
Tipp: Der *„Weg der Besinnung"*, ein weiterer Themenweg mit verschiedenen Stationen, beginnt ebenfalls am Ausgangspunkt und führt in entgegengesetzter Richtung auf den Kapfensteiner Vulkankogel, wo er auf den Geo-Trail stößt. Beim Wandern entlang des Pfades wird die Wahrnehmung des Raumes verstärkt.

Die sanfte Hügellandschaft der Oststeiermark lässt kaum vermuten, dass hier vor einigen Millionen Jahren feuerspeiende Vulkane aktiv waren. Der Geo-Trail führt uns auf einer „Zeitreise" durch den Vulkan, der den Kapfensteiner Kogel formte, und zeigt, wie einst die Lavaströme von den Hängen des Stradner Kogels und der beiden Gleichenberger Kogel flossen.

Wegverlauf

Wir gehen zur Kirche, bei der wir auf den Stradner Kogel (Tour 26) und durch eine Art „Fernrohr" auch in dessen Vergangenheit blicken können. Dann wandern wir bergauf, unter dem Schloss Kapfenstein vorbei, über einen schmalen Pfad mit mehreren Stationen,

Kapfenstein mit Schloss und Kirche

die uns die Geologie des Gebietes anschaulich näherbringen. Am höchsten Punkt steht umgeben von Weingärten die **Herz-Jesu-Kapelle** mit herrlicher Aussicht. Der in kleinen Eichenfässern (Barriques) ausgebaute Blaue Zweigelt wurde nach dem grünen Mineral Olivin benannt, das in das vulkanische Gestein eingelagert ist. Am Abstieg können wir Olivin-Einschlüsse in einer Felswand erkennen. Ein kurzes Stück geht es auf der Straße zurück zum Ausgangspunkt.

Wellness-Tipp: Eine Reise durch die Zeit

Am Weg sind verschiedene Gesteins- und Eruptionsschichten bezeichnet. Ertasten Sie die Oberfläche verschiedener Steine und spüren Sie die Umrisse. Schließen Sie die Augen und versuchen Sie sich vorzustellen, was der Stein im Laufe seiner Geschichte erlebte. Glühend heiß war es einst im Erdinneren. Beim Hinausschleudern aus dem Vulkanschlot veränderte sich seine Zusammensetzung. Schließlich kühlte er ab und landete an seinem Platz zwischen anderen Steinen. Wind, Frost und Regen formten seine Oberfläche. Die Umgebung veränderte sich. Keimlinge wuchsen zu Blumen und stattlichen Bäumen heran. Tiere streiften vorbei. Menschen besiedelten und kultivierten die Landschaft. Mit wissenschaftlichen Methoden begannen sie die Herkunft unseres Steines zu erforschen.

Rund um und auf den Stradner Kogel

Wo sich einst die Hexen trafen

Frutten-Gießelsdorf Aussichtswarte, 479 m	Bildstock/ Steinbruch, 544 m	Stradner Kogel 609 m	Frutten-Gießelsdorf Aussichtswarte, 479 m
½ Std. ↗ 65 Hm	1¼ Std. ↗ 65 Hm	¾ Std. ↘ 130 Hm	2½ Std. 130 Hm

Charakter: Einfache Wanderung auf Waldwegen.
Ausgangspunkt: Frutten-Gießelsdorf, Parkplatz bei der Warte.
Anfahrt: Busverbindung nach Gießelsdorf; über die A2 und die B66 nach Bad Gleichenberg.
Einkehr: Imbissstube bei der Warte (Mo bis Fr ab 17.00 Uhr, Sa ab 14.00 Uhr, So und Feiertag ab 10.00 Uhr geöffnet).
Info: Gemeindeamt Frutten-Gießelsdorf, Tel. 03158/2340, www.frutten-giesselsdorf.gv.at.
Tipp: In Baumgarten bei Gnas macht der 5-Elemente-Weg die Kraft der Wandlungsphasen Holz, Feuer, Erde, Metall und Wasser spürbar. In kunstvoller Darstellung fügen sich diese Elemente in die Landschaft ein. Ausgangspunkt ist der Dorfplatz von Wörth.

Der Stradner Kogel ist die höchste Erhebung des südoststeirischen Hügellandes. Am bewaldeten Gipfelplateau befindet sich eine Sendeanlage. Die Wanderung ist entspannend und führt durch ruhige Wälder. An die einstige feuerspeiende Kraft des Vulkans erinnert nur mehr der geologische Untergrund. Für Nervenkitzel sorgt die 41 Meter hohe Aussichtswarte Frutten-Gießelsdorf, deren Besteigung eine echte Mutprobe darstellt. Der fulminante Ausblick reicht im Süden bis zum Bachergebirge und den Karawanken in Slowenien, im Westen bis zur Koralpe.

Ein sagenumwobener Wetterwinkel

Der Stradner Kogel gilt als Wetterwinkel, da sich über ihm oft Hagelwolken bilden. Der Sage nach war er der Versammlungsort der Hexen. Einmal war auch der Teufel zu einem Treffen am Stradner Kogel eingeladen. Nach kurzer Zeit kam es zu Streitereien und der höllische Gast verließ grollend das Fest. In seiner Wut setzte der Teufel riesige Gesteinsmassen in Bewegung. Diese Spur der Verwüstung ist noch heute im „Höllisch"-Graben sichtbar (Tour 27). Die Zeit der Hexenverfolgung in dieser Region ist auf der Riegersburg in einer Dau-

Holunderbäume am Weg zum Stradner Kogel

erausstellung dokumentiert. Die Unwetter und vor allem die heftigen Hagelschauer hinterlassen in diesem Gebiet oft große Schäden. Hexen wurden in einer abergläubischen und düsteren Vergangenheit dafür als Schuldige angeprangert.

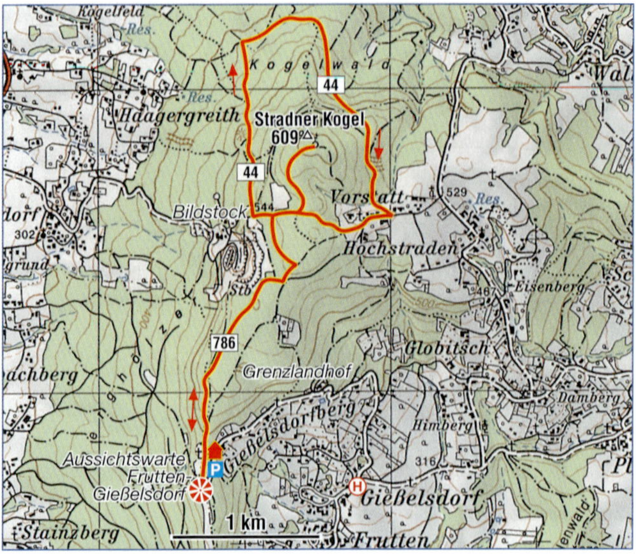

Dem Element Feuer zugeordnet: das Herz und die Farbe Rot

Wegverlauf

Wir folgen dem Vulkanlandweg 786 durch den Wald in Richtung Norden bis zur Forststraße, wo wir uns links halten und zu einem **Steinbruch** kommen. Bei dem **Bildstock** gehen wir rechts am Weg 44 weiter. Wir umrunden den **Stradner Kogel** fast völlig, ehe wir rechts über eine Naturstraße zum Gipfel aufsteigen. Auf dieser gehen wir wieder bergab, bis wir in den Weg 44 einmünden. Wir wenden uns nach rechts und kehren schließlich am bekannten Weg 786 zum Ausgangspunkt zurück.

Wellness-Tipp: Feuer in der 5-Elemente-Lehre

Das Yang erreicht im Sommer seinen Höhepunkt. Die Sonne steht im Zenit und hat ihre größte Kraft. Wasser und erfrischende Nahrung gleichen die Hitze aus. Die Natur entfaltet sich in der Farbenpracht der Blumen und in den ätherischen Pflanzenbestandteilen. Dem Feuerelement sind die rote Farbe, das Herz und das Blut zugeordnet. Freude und Liebe drücken sich in einem geistigen und seelischen Bewegtsein aus. Lachen und Lebensfreude verwandeln die Feuerenergie in menschliche Wärme. Lächeln Sie! Dabei werden Glückshormone im Körper freigesetzt und die Beziehung zu den Menschen wird herzlicher.

Unterm Stradner Kogel

„Sinnliche“ Erlebnisse am „Weinweg der Sinne“

Charakter: Gut beschilderter Themenweg, zum Teil auf wenig befahrenen Straßen. Hügelig, eine kürzere Variante ist möglich. Die spezielle Wanderkarte „Weinweg der Sinne“ ist empfehlenswert.
Ausgangspunkt: St. Anna am Aigen, an der Gesamtsteirischen Vinothek.
Anfahrt: Busverbindung von Feldbach; über die A2 und die B66 oder B68.
Einkehr: Gaststätten, z. B. Grenzlandhof und Buschenschänken am Weg, Imbissstube bei der Aussichtswarte (siehe Tour 26).
Info: Gemeindeamt St. Anna am Aigen, Tel. 03158/2212-0, gemeindeamt@st-anna.at, www.st-anna.at, www.gesamtsteirische-vinothek.at.

Der *Weinweg der Sinne* bietet Einblicke in Landschaft, Kultur und Natur um St. Anna am Aigen. Verschiedene Stationen fordern uns auf, unsere Wahrnehmungen bewusst zu erleben. Durch einen Trichter hören wir fremdartige Geräusche und konzentrieren uns auf einen winzigen Ausschnitt der Landschaft, die dadurch einen neuen Charakter erhält. Bei einer Weinpresse erklingt Musik.

Wegverlauf

Von der Vinothek folgen wir den auf Weinflaschen angebrachten Hinweisen. Der Weg führt an der Pfarrkirche vorbei, dann über Stufen hinab (Ried Annaberg, Steile Leit’n). Weiter geht es über Plesch an zahlreichen Holunderbäumen vorbei nach Damberg, wo in den Weingärten ein Holzsteg auf Pfählen errichtet wurde. Von hier blickt man über die Rieden zurück bis zum malerisch auf einem Basalthügel gelegenen Ort St. Anna am Aigen. Bald darauf zweigt rechts die Kurzvariante in Richtung Hochstraden ab. Wir wandern durch Globitsch und am Arthur-Kerber-Weg durch einen Buchen/Hainbuchen-Wald zur **Aussichtswarte.** Hinter dem Gasthaus Grenzlandhof kommen wir im Wald zum „Höllisch-Graben“, in dem sich

St. Anna am Aigen

furchteinflößende Gestalten herumtreiben. Bei Hochstraden erinnern Stufen aus Basaltsteinen an den bis vor 30 Jahren von den Einwohnern oft benutzten Schul- und Kirchenweg als kürzeste Verbindung nach St. Anna am Aigen. In Schemming

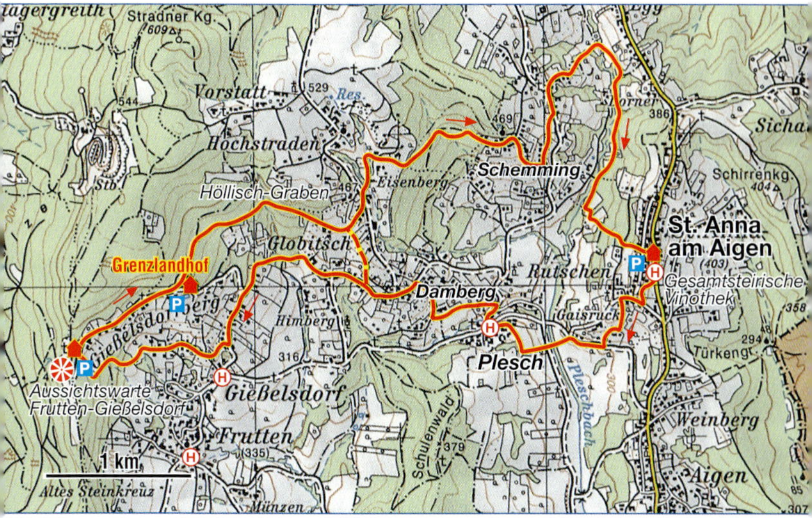

gehen wir auf der mit Kräutern, Rosen und Windharfen gesäumten Straße bergab. Schließlich erreicht man einen Auwald, durch den sich der Pleschbach schlängelt. Bei einem Rastplatz mit kleinem Imbissstand befindet sich an einem Weiher eine Wasserorgel, die sphärische Töne, eine Lautmalerei aus Luft und Wasser, erklingen lässt. Durch Wald und an einem Tennisplatz vorbei gelangen wir steil, zuletzt auf Stufen, bergauf ins Ortszentrum zurück.

Steirische Weinflaschen als Wegweiser

Botanische Informationen

Mehltau – eine Krankheit, die vom Himmel fällt? Wild- und Kulturpflanzen sehen manchmal wie mit Mehl bestäubt aus. Bauern und Winzer erkannten, dass der Mehltau großen Schaden verursachen kann. Bis in die Neuzeit hinein glaubte man, dass diese Krankheit als böses Omen vom Himmel falle. Der Name „Tau“ deutet darauf hin. Heute weiß man, dass dafür die Echten Mehltaupilze (Gattung *Oidium*) verantwortlich sind.

Wellness-Tipp: Mit der Nase wahrnehmen

Zerreiben Sie bei der Wegstation „Kräutersitz“ verschiedene Gewürzblätter mit den Fingern und riechen Sie daran. Heilende Aromen und ätherische Öle erzeugen Schwingungen, auf die der Körper reagiert. Kräuter und Blumen verströmen ihre charakteristischen Düfte ebenso wie die Wildrosen, die als Zeigerpflanzen für den Echten Mehltau von den Weinbauern angepflanzt werden. Typische Weine mit dem Duft der Rose sind Traminer und Rheinriesling. Das kostbare Rosenöl hilft als Aroma des Herzens und der Liebe gegen Kummer und macht offen für die Schönheit der Welt und der Kunst.

Am kleinen Dreiländereck

Am Weg „Alte Grenze" zum Stadelberg

Buschenschank Hackl – 1 Std. (↗ 60 Hm, ↘ 100 Hm) – Kalch – ¼ Std. (↗↘ 150 Hm) – Grenzübergang – ¾ Std. hin und zurück – Stadelberg slow. Kugla, 417 m

2 Std.
4 Std.

Charakter: Gute Forstwege, in Österreich markiert, auf slowenischer Seite unmarkiert. Guter Orientierungssinn ist beim Abstieg von der Warte notwendig. Personalausweis nicht vergessen!
Ausgangspunkt: St. Anna am Aigen, Buschenschank Hackl (geöffnet Sa, So und Feiertag von April bis November).
Anfahrt: Busverbindung von Feldbach und Bad Radkersburg; über die A2 und dann auf der B66 bzw. B68 nach Feldbach; von St. Anna am Aigen in Richtung Kalch, erste Abzweigung nach rechts auf schmaler Asphaltstraße zur Buschenschank Hackl.
Variante: Zugang von St. Anna am Aigen auf dem Weitwanderweg 07 zum Dreiländereck. Gehzeit 30 Minuten je Richtung.
Einkehr: Landgasthof „Zum Jägerwirt" in Kalch (Di Ruhetag).
Info: Naturpark Raab – Örsèg – Goričko, Büro in Jennersdorf, Tel. 03329/48453, www.naturpark-raab.at.

Das kleine Dreiländereck befindet sich im grenzüberschreitenden Naturpark Raab – Örsèg – Goričko. Hier treffen Slowenien, die Steiermark und das Burgenland zusammen. Kaiserin Maria Theresia ließ 1756 einen Grenzstein setzen. Auf dem Stadelberg, slowenisch Kugla, steht eine kleine hölzerne Warte mit einer Glocke, die mit einem Strick zum Läuten gebracht werden kann.

Wegverlauf

Von der **Buschenschank** gehen wir auf der Straße bis zur Dreiländerecke. Der Themenweg „Alte Grenze" ist durch Holztafeln gekennzeichnet. Knapp an der Grenze entlang wandern wir nach **Kalch,** wo wir bei ei-

Hinweistafel Themenweg „Alte Grenze"

Wellness-Tipp: Ein Training für unsere Augenmuskeln

Unsere Augen werden durch die Arbeit am Computer, durch Fernsehen und Lesen sehr beansprucht. Die Sehkraft wird von den Augenmuskeln beeinflusst. Die Aussichtswarte ist der ideale Ort, um ein paar einfache Übungen durchzuführen. Schauen Sie in die Ferne, ganz weit weg. Dann fokussieren Sie auf einen nahen Gegenstand (einen Grashalm oder Ihre Fingerspitzen). Wechseln Sie fern- und nahsehen ein paar Mal ab. Dann kreisen Sie mit den Augen, indem Sie die Zeiger einer fiktiven Uhr verfolgen. Richten Sie den Blick nach unten, dann nach links, nach oben, nach rechts und wieder zum Boden. Etwa fünf Mal wiederholen und dann in die andere Richtung kreisen.

nem Kalkofen rasten können. Nun folgen wir der Straße und passieren den **Grenzübergang** nach Slowenien. Etwa 10 Minuten nach dem Zollposten verlassen wir die Straße und gehen links auf einem Forstweg den bewaldeten Berg hinauf. Es folgt eine deutliche Rechtskurve. Später wandern wir oberhalb eines Steinbruches weiter, bis wir eine Asphaltstraße erreichen. Wir halten uns links bergauf, bis wir zur Aussichtswarte auf dem Stadelberg/Kugla abbiegen können. Bei der Rückkehr gehen wir geradeaus weiter durch den Wald auf einer Forststraße, die bald darauf endet. Ein kurzes Stück geht es schwach rechts bergab weglos weiter, dann gelangen wir auf den Forstweg, den wir schon vom Aufstieg her kennen. Auf dem gleichen Weg geht es zurück zur Dreiländerecke.

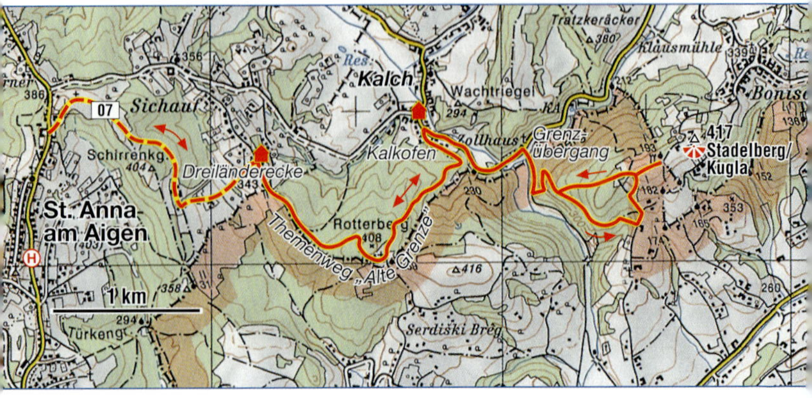

Aussichtsturm am Stadelberg/Kugla

Tour 29

Steiermark

Auf den Königsberg bei Tieschen

Wein, Urnenfelder und Basaltspalte

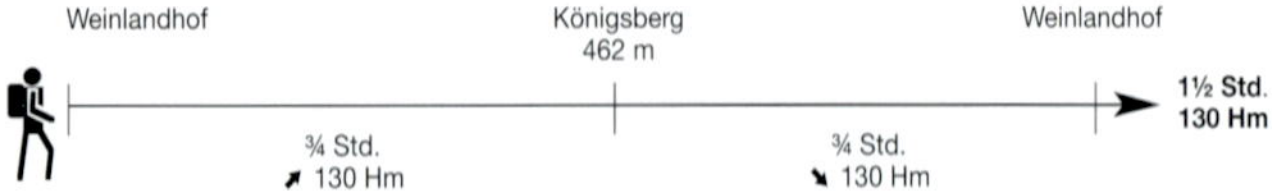

Charakter: Leichte Wanderung, aber die Markierung ist stellenweise schwer zu finden.
Ausgangspunkt: Deutsch Haseldorf, Weinlandhof 2 Kilometer nördlich von Klöch.
Anfahrt: Busverbindung nach Tieschen bzw. Pichla; über die A2, Abfahrt Ilz/Fürstenfeld, dann auf der B66 in Richtung Bad Radkersburg.
Einkehr: Weinlandhof (Mo Ruhetag). Zahlreiche Buschenschänken in Tieschen und Klöch. Empfehlenswert sind die Buschenschänken Gießauf-Nell am Klöcher Hochwart (am Ölberg, geöffnet von Februar bis 8. Dezember, Mi Ruhetag), und Rudolf Palz am Klöchberg (täglich geöffnet) und der Backhendl-Gasthof Palz, ebenfalls am Klöchberg (Mo, Di Ruhetag).
Info: Tourismusverband Klöch, Tel. 03475/5070, www.kloech.com.
Kultur und Natur unterwegs: *Klöcher Kultursommer,* von Juni bis August auf der Kulturarena der *Burgruine Klöch*. Ruine und Aussichtsturm sind von Ostern bis Ende Oktober täglich am Nachmittag geöffnet; Führungen nach Vereinbarung.

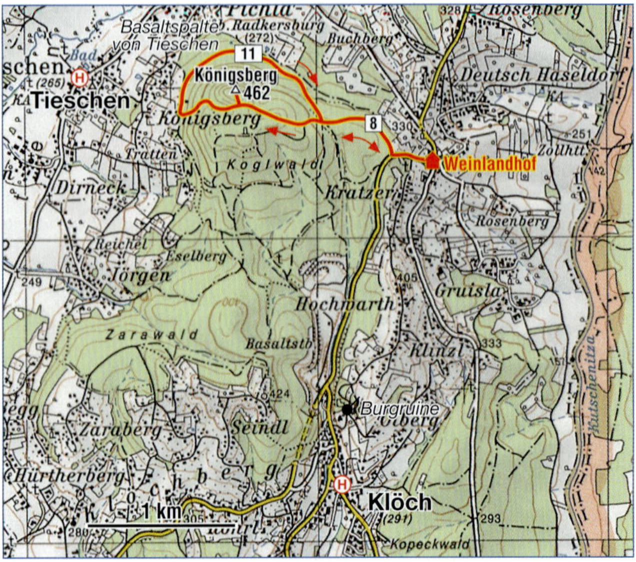

Weinstock im Herbst

Die Burgruine Klöch erinnert an die bewegte Vergangenheit des Ortes, der im 14. Jahrhundert „Chlech" genannt wurde. Hier befindet sich der größte Basaltsteinbruch Österreichs. Bereits die Ritter schätzten den Qualitätswein dieser Region. Der Klöcher Traminer verführt mit dem „Duft der Rose". Zahlreiche Wege führen rund um den Ort, auf den Klöchberg (Panoramawege 1, 2) und zur Nachbargemeinde Tieschen, in der sich urzeitliche Hügelgräber befinden. Wir wandern auf die höchste Erhebung des vulkanischen Klöcher Massivs, den Königsberg. Auf dem Gipfelplateau gab es bereits vor 6000 Jahren erste Siedlungen. Durch Rodungen entstand Acker- und Weideland. In der Bronzezeit ab 2300 v. Chr. war das Gebiet ebenfalls besiedelt und ab dem 9. Jahrhundert v. Chr., in der späten Urnenfelderzeit, befand sich hier eine stadtartige Siedlung mit einem „Stadttörl", Trockenmauern und Wällen.

Wegverlauf

Vom **Weinlandhof** führt der Weg 8 zur Angerwiese und von hier der Weg 11 auf das Gipfelplateau des **Königsberges,** auf dem das Grenzlanddenkmal und Kreuze an die 1945 hier gefallenen Soldaten erinnern. Das Projekt „Friedenswörter" bezieht sich auf diesen Kriegsschauplatz. Schüler befestigten 180 Tontafeln mit dem Wort „Friede" in allen Weltsprachen auf den Bäumen etwas nördlich des Gipfels, um dem tragischen Geschehen etwas Positives entgegenzusetzen. Der Weiterweg bringt uns zu einer Kreuzung mit dem Hinweisschild „Felsengrab". Wir folgen dem Weg 11, der rund um den Königsberg herumführt, und gelangen über einen Steig zu dem Naturdenkmal „Basaltspalte". Die Runde schließt sich bei der Angerwiese. Von dort gehen wir am Weg 8 zum Ausgangspunkt zurück.

Kulturgeschichtliche Informationen

Urnenfelderkultur: 1200–750/700 v. Chr.: In weiten Teilen Europas veränderte sich damals die Art der Bestattung. Das Urnengrab löste das Körpergrab ab. Die auf einem Scheiterhaufen verbrannten Toten wurden nun in Urnen beigesetzt.

Basaltspalte von Tieschen: Steinbrucharbeiter legten eine Spalte frei, die das Aufdringen von glutflüssiger Gesteinsschmelze in der Spätphase der Vulkangeschichte anzeigt. Diese nun gut erkennbare Gesteinsschicht gibt somit Einblick in die geologische Vergangenheit. Die Marktgemeinde Tieschen hat dieses Naturdenkmal in einen naturkundlichen Wanderweg eingebettet und bietet Führungen an: Tel. 03475/2306, www.tieschen.at

Wellness-Tipp: Metall in der 5-Elemente-Lehre

In der Herbstenergie liegt die Kraft des Abschieds und des Loslassens. Metall und die Farbe Weiß gehören zu dieser Jahreszeit. Die Pflanzen ziehen ihre Säfte zurück und speichern die Nährstoffe in den Samen und Wurzeln. Das Laub verwelkt und die Farben verblassen. Jetzt ist es wichtig, die Abwehrkraft und die Lungenfunktion zu stärken, da der Körper von Bakterien und Viren angegriffen wird. Durch die Haut grenzen wir uns nach außen ab und sammeln das kosmische Licht wie Metallkristalle in unserem Inneren. Machen Sie einen Herbstspaziergang und atmen Sie tief durch.

Die Mur-Auen bei Bad Radkersburg

„Antennen" zeigen den Weg

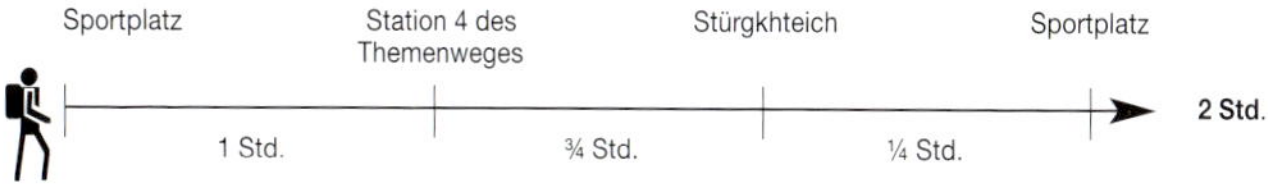

Charakter: Einfacher Spaziergang.
Ausgangspunkt: Bad Radkersburg, Kurzentrum oder Sportplatz (Parkplatz).
Anfahrt: Bahn- und Busverbindung mit Spielfeld; über die A2 bis zur Abfahrt Ilz/Fürstenfeld, weiter auf der B66; aus Graz über die A9 zur Abfahrt Vogau/Straß, dann über die B69.
Einkehr: in Bad Radkersburg.
Info: Informationsbüro Bad Radkersburg, Tel. 03476/2545, www.bad-radkersburg-online.at. Folder über die „Antenne Flusslandschaft" sowie „Ein Streifzug durch die Radkersburger Murauen" sind erhältlich.

Wasser ist das prägende Element der geteilten Grenzstadt Bad Radkersburg. Die Mur formte die Landschaft und schuf in den Auwäldern Lebensräume für Pflanzen und Tiere. Als Handelsweg war der Fluss über Jahrhunderte hinweg der zentrale Lebensnerv der Region. Durch Vulkanismus entstanden die natürlichen Heilquellen.

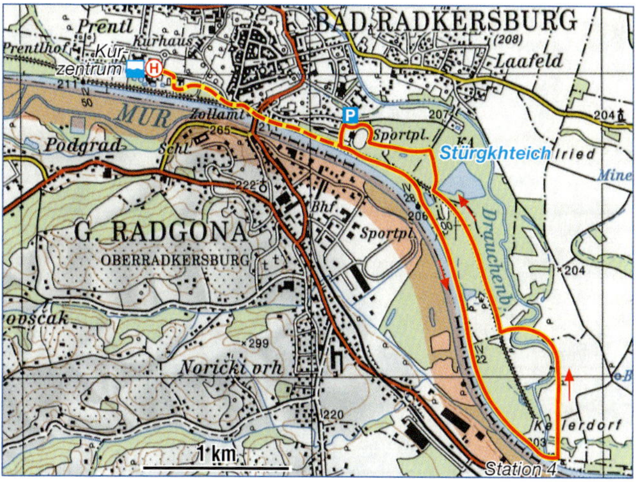

Am Ufer der Mur

Wegverlauf

Wir gehen beim **Sportplatz** vorbei zur Mur und ein Stück entlang des Dammes, bis ein schmaler Weg nach rechts in den Auwald abzweigt. Hier wandern wir entlang des Flusses. So kommen wir zur zweiten Station des Themenweges, die uns über den landschaftsformenden Vulkanismus informiert. Dort wo der Drauchenbach in die Mur fließt, befindet sich die **vierte Station** und unsere Rundwanderung wendet sich wieder

Wellness-Tipp: Einfach bewusst gehen

Normalerweise bewegen wir uns automatisch weiter, ohne viel darüber nachzudenken, wie wir unsere Schritte setzen. Versuchen Sie einmal konzentriert und langsam zu gehen. Verlagern Sie zuerst das Gewicht vollständig auf das Standbein. Dann heben Sie das andere Bein und setzen es langsam mit der Ferse zuerst auf den Boden auf. Während Sie den Fuß nach vorne abrollen, bis die ganze Sohle Bodenkontakt hat, verlagern Sie gleichzeitig das Körpergewicht nach vorne. Nun heben Sie das hintere Bein an. Nach etwa zehn Minuten gehen Sie – langsam und konzentriert – rückwärts. Dabei setzen Sie zuerst die Zehen auf und rollen den Fuß zur Ferse ab.

zurück in Richtung Bad Radkersburg. Wir gehen auf einem breit angelegten Damm durch einen schattigen Auwald bis zu dem ehemaligen **Schotterteich,** der nun als „Lebensraum Stürgkhteich“ ein Naturschutzgebiet ist und zu einer Rast einlädt, bei der wir verschiedene Wasservögel, z. B. den Haubentaucher, beobachten können. Vom Sportplatz führt ein Verbindungsweg in einer halben Stunde zum Kurzentrum.

Frühlingsboten im Auwald

Alles **Buch**bar auf www.tyrolia.at

Natur erleben am Rande von Wien.

Werner Gamerith

Donau-Auen

Naturreichtum im Nationalpark

Beiträge von Bernd Lötsch und Reinhold Gayl

Der informative Text-Bildband über das faszinierende Leben an der Donau. 355 Farbbilder und prägnante Texte erschließen die Lebensgemeinschaft Au mit ihren Gewässern, Kiesbänken und dschungelartigen Wäldern. Mit 3-seitiger Übersichtskarte zum Ausklappen, gebunden mit Schutzumschlag

ISBN 978-3-7022-2251-2

270 Seiten, € 34.90

100 JAHRE

TYROLIA

Alle guten Seiten.

Stichwortverzeichnis

Alles **Buch**bar auf www.tyrolia.at

Alles über Pilgerwege.

Robert Wurst
Markus Schlagnitweit
Auf dem Marienpilgerweg

Von Tschenstochau (PL) über Leutschau (SK) nach Mariazell (A)

Internationaler Weitwanderweg I 23

100 farbige Abbildungen, 50 farbige Kartenausschnitte, Klappenbroschur

ISBN 978-3-7022-2729-6

160 Seiten, € 19.90

Peter Lindenthal
Auf dem Jakobsweg durch Österreich

In 28 Wanderetappen von Pressburg bzw. Wolfstal an der slowakischen Grenze bis Feldkirch

4. überarbeitete Auflage,78 farbige Abbildungen, 79 farbige Kartenausschnitte, Klappenbroschur

ISBN 978-3-7022-2199-7

192 Seiten, € 21.90

100 JAHRE

TYROLIA

Alle guten Seiten.

Alles **Buch**bar auf www.tyrolia.at

Erlebnis-Wandern!

Der Ausflugführer rund um Wien.

Harald Rötzer

Wiener Gegenden

Wanderungen, Spaziergänge, Landpartien

30 entdeckungsreiche Streifzüge durch Landschaft, Geschichte und Kultur. 69 farbige Abbildungen, 34 farbige Kartenausschnitte, 1 Übersichtskarte, Broschur

ISBN 978-3-7022-2735-7

+ alle Touren mit öffentlichen Verkehrsmitteln durchführbar
+ kompakte Informationen zu Natur, Geschichte und Kultur
+ Einkehrtipps zu Heurigen und traditionellen Ausflugslokalen

128 Seiten, € 13.90

100 JAHRE

TYROLIA

Alle guten Seiten.

Die Touren wurden in dem Zeitraum Oktober 2004 bis September 2005 abgegangen. Alle Angaben in diesem Führer wurden sorgfältig recherchiert (Stand Oktober 2006) und erfolgten nach bestem Wissen der Autorin. Sollten Sie trotzdem Unstimmigkeiten entdecken, nehmen Autorin und Verlag gerne Verbesserungsvorschläge und Korrekturhinweise entgegen (buchverlag@tyrolia.at). Soweit bekannt, finden Sie allfällige Aktualisierungen und Korrekturen unter www.tyrolia.at

Die Benutzung dieses Führers geschieht auf eigenes Risiko. Eine Haftung für etwaige Unfälle und Schäden wird aus keinem Rechtsgrund übernommen.

Mitglied der Verlagsgruppe „engagement“

Bibliografische Information Der Deutschen Nationalbibliothek
Die Deutsche Nationalbibliothek verzeichnet diese Publikation in der Deutschen Nationalbibliografie; detaillierte bibliografische Daten sind im Internet über http://dnb.d-nb.de abrufbar.

2007
© Verlagsanstalt Tyrolia, Innsbruck
Umschlaggestaltung: Tyrolia-Verlag, unter Verwendung eines Bildes von Wolfgang Ehn
Abbildung Seite 1: Wolfgang Ehn
Layout und digitale Gestaltung: Studio HM, Hall in Tirol
Karten: Kartenausschnitte © BEV-2007, vervielfältigt mit freundlicher Genehmigung des **B**undesamtes für **E**ich- und **V**ermessungswesen in Wien, EB 2007/00410.
Übersichtskarte auf der Buchrückseite: © Rolle-Kartografie, D-Holzkirchen
Routeneintragungen: Rolle-Kartografie, D-Holzkirchen, nach Vorlagen der Autorin
Lithografie: Athesia-Laserpoint, Innsbruck
Druck und Bindung: Finidr s. r. o., Čseký Těšín, CZ
ISBN 978-3-7022-2813-2
E-Mail: buchverlag@tyrolia.at
Internet: www.tyrolia.at